「わたし」が生きる
意味がわかる

ワンネスの教科書

一般社団法人
国際生命意識協会 代表理事
叶 礼美
KANAI REMI

THE BOOK OF ONENESS

ビジネス社

はじめに

この本を手に取られたあなたは、「この書籍なら、私の疑問に答えてくれるのかもしれない」と期待くださっているでしょうか。本書は、皆さんの根源的な疑問、深い問いかけに応えたい、という想いから書かれています。

私とお話をさせていただくとき、皆さんがよくこうおっしゃいます。「自分では確信をもって言えないけれど、そういう世界はあると思っている」。

誰であれ、その人が知覚するのを許容した範囲内で現実を体験します。

たとえば、「この世界をどう捉えたらよいのだろう」「自分は何のために生まれてきたのだろう」と、人生のより深い本質的な問いについて想いをめぐらせていたある日、会社の帰りにふと普段は入らない本屋に立ち寄り、なぜか目についた書籍に手を伸ばす。
その本には「人生の疑問を解くヒント」がちりばめられているように感じる。なぜだかわからないけれど書籍を購入し、積んでおく。買ったことも忘れていたある日、それが急に目に入り、「そういえばこの本、気になったのだった」とページをめくり始める……。
そんなふうにして宇宙はさりげなく、「問い」を抱き、準備の整ったあなたへ、さまざまな方法で語りかけています。繊細な領域を感じながら生きる人はシンクロニシティやインスピレーションといったサインによって、「人生で起きる現象、知覚できること」へと導かれていきます。

いずれにしても、あなたは「導かれて」、いまここにいるのです。

本書に書かれていることは、宇宙や人間の本質や真理に関することで、とてもパワフルです。あなたの奥深くの霊性を優しくノックし、あるいはガツンと揺るがせることになるかもしれませんが、そうした微細な感覚でやってくるサインを見逃さないでください。

私たち人間は、肉体をもった存在の前に霊魂であるのです。霊魂も、肉体も、振動しています。霊性に意識を向け始めると、あなたのなかの「霊性」が刺激され、振動をし始め、読んだり感じたことに「共鳴」し始め、ますます共振が起きていきます。するとと、霊魂はその本来の振動（意識も振動です）へと目覚めていくことになるのです。


本書では、大きくスピリチュアリティとワンネスをテーマにお話ししていきます。スピリチュアリティとは、人間の本質である霊性を探究するという、精神的な取り組みのことをいいます。ワンネスとは、存在するすべてを含む世界の本質のことです。

どちらも「見えている現象の奥にある、目に見えない本質」の領域です。自己とはどのような存在で、どのような世界のなかに生きているのか。目に見えない原理・本質に意識を向けてみること。その取り組みが、自己の本質の探究であり、世界の本質の探究である、スピリチュアリティとワンネスを学ぶ意味なのです。

私は、現代の人や社会の問題は、物質的価値を優先して生命が犠牲にされていることが根本的な原因であると考えています。スピリチュアリティやワンネスを知ることは、目に見えない本質を知ることです。目に見える世界（物質的価値観）を超えて、目に見えない世界（精神的価値観）へと重心を変えていくことが、現代社会と人を癒し、本来の姿を取り戻すための根本的な処方箋であると、考えています。

序章

スピリチュアリティの目覚め

第1章

スピリチュアルを学ぶということ

第2章

ワンネスへと向かう時代

第3章

進化の段階と霊的覚醒

第4章

ワンネスを実践して生きるワーク

第5章

今世を選んで生まれた人々へ

〜ワンネスのチャネリングメッセージ〜

序章

スピリチュアリティの目覚め

英国グロスター大聖堂での不思議な体験

私は20歳を迎えた大学3年生のとき、突如として感覚が開き、さまざまな神秘体験が始まりました。そして、感動と至福を毎日のように体験するようになったのです。見えないはずのものが見え、聞こえないはずの声が聞こえる。高次の次元、異なる世界があると実感し、それらの世界の存在とコミュニケーションができることに気づきました。

この世界をどのように捉え、見るか。180度の転換が起きたのです。

大聖堂の白い回廊で感じた「法悦」

20歳の5月、父が仕事を兼ねてイギリスに行くというので、ついていくことにしました。父がロンドンでレンタカーを借り、何時間も車を走らせて世界文化遺産のストーンヘンジに行きました。他の場所とは明らかに異なる空気を体感したあと、中世の街並みが残るコッツウォルズまで行く途中、グロスターという街に寄ってみることになりました。

グロスターに着くと、父が「街の中心には必ず大聖堂や教会がある。そういうふうにヨーロッパの町は創られているのさ」と言い、大聖堂に立ち寄ることになりました。父は歩くのがとても速く、ここでもさっさと歩いて壮麗な礼拝堂を抜け、真っ白な回廊を抜け、出て行ってしまいました。

私は父からかなり遅れて、大聖堂の内部の壮麗な装飾を眺めながら、ゴシック様式の見事な白い回廊に足を踏み入れました。こんなにも静謐《せいひつ》な空気に満たされた美しい場所を、ゆっくり堪能もせずに行ってしまうなんて……。なんて、もったいない！

カメラのシャッターを切り、美しいアーチ天井を見上げました。

するとその瞬間、不思議なことが起きたのです。

突如として圧倒的な、えもいわれぬ感覚が私のなかで湧き上がりました。うまく言葉にできないのですが、体が一気に天井まで伸び上がったように感じ、天井付近からその回廊全体を見下ろしたように思いました。身体感覚がなくなり、自分とその場所が一体になったように感じ、自分のなかを風が通り抜けていったのを、驚くほど鮮明に感じたのです。

何ともいいようのない、喜びというのか、うっとりしてうれしい、最高の感覚でした。

その感覚を表現するなら、思い浮かぶ言葉は「法悦」。

そして、かつての僧侶たちと思われる姿が、その美しい白い回廊に重なって見えたのでした。

この旅行から帰国した後、自分のなかで明らかに変化が起きたことに気づきました。ふとした瞬間にインスピレーションやビジョンが、毎日のように湧いて（降りて）くるようになったのです。

大学はとても自然の多い環境で、素敵な大木がたくさんありました。中庭の木の下で一人でぼーっと座っているとき、ただ何も考えずに歩いているとき、「人はなぜ生きるのか？」「なぜ世界は存在するのか？」「すべての背後にある真理とは何か？」などといった根源的な問いが浮かんでくるようになりました。

そして、しばらくすると、それらの問いに対する答えやビジョンが、素晴らしい感覚や感動と共にやってくるといったことが頻繁に起こるようになりました。

見えないはずの粒子やその波が見えたり、異世界からのコンタクトとしか思えない不思議な数々の体験をしたり……。そうしたことの始まりが、この大聖堂だったのです。

危機一髪！　大事故を「声」に救われる

私が22歳のとき、信州方面の大学で行われた夏の公開講座に、父、弟、私、友達で参加したときのことです。深夜、自宅へ帰る途中、父が運転する車は私たちを乗せて中央高速道路を時速100キロ以上のスピードで走っていました。

父が祖父から借りた大きな外国車で、外の音を完全に遮断して室内は静か。サスペンションが素晴らしく、振動すら感じない乗り心地です。100キロ超で走っているということもすっかり忘れてしまう静けさでした。深夜ということもあって、運転していた父を除く全員が完全に夢のなか。私も後部座席でぐっすり眠っていました。

すると突然、「あぶない！」という叫び声がして、目が覚めました。

父は車線変更のためにハンドルを左に切りかけていて、叫び声にハッとして、すぐにハンドルを戻したようでした。すると左後方の死角から1台の車が猛スピードで現れ、私たちの車を追い越して走り抜けていきました。もし、父が気つかずにそのまま車線変更していたら、100キロ以上で走行する車同士が接触していたに違いありません。

父は「あぶなかったよ、叫んでくれて助かった」と言いました。


叫んでくれて？　誰が…？


それは、私だったのでした。

「あぶない！」と叫んだのは、私。けれど、眠っていた私には、危険だという自覚はもちろん、ありませんでした。

「あぶない！」と自分が叫んだ声を聞いて、目が覚めた？？？

「眠っていた自分が叫んだ声で目が覚めた」とは、一体どういうことなのだろう？　あわや大事故という危険な状況を、眠っている私がどうやって把握できたのだろう……。

しかも、ぐっすり寝ていたのに「あぶない！」と叫ぶことができたのは、なぜ？

というか、叫んだのは一体誰…？

助手席の弟も、隣の座席で眠っていた友達も、この出来事の間、まったく目を覚ましませんでした。

この世界には人知を超えた働きがある

後日、父とこのときの不思議な体験について話していると、「そういうことってあるんだよ」と言って、父が昔、危機一髪で助かったことなどを話してくれました（父はそういう体験がいろいろとある人です）。

そのときの私は、「自分自身の知らないレベルで、自分の状況をはるかによく把握している存在がいるらしい。そうとしか説明がつかないな」と思っていました。

当時、科学者によれば、人間が「知っている」範囲は宇宙全体から見るとほんの数パーセントにすぎないと言われていました。ならばそのような「人知を超えた働き」というものがあっても不思議はないのかもしれない、と思えたのでした。

私には見えない、知覚できないレベルのものが存在し、そうした何者かに守られているらしい――。

それは何なのか、何者なのか。答えはこの出来事の7年後、スピリチュアリティを学び始めたときに発見することになったのでした。

英国人ミディアム Dr.マーガレットとの出会い

英国は近代のスピリチュアリズム・ムーブメントの発祥地の一つといえます。英国の医師で『シャーロック・ホームズ』シリーズを書いたサー・アーサー・コナン・ドイルは、スピリチュアリズムを広く提唱し、物理学者で著述家のサー・オリバー・ロッジはスピリチュアリズムの考えを広め、科学的に探究しました。英国には国際的に知られた組織がいくつかあり、その一つが1872年に設立された「英国スピリチュアリスト協会（Spiritual Association of Great Britan）」です。

同協会で1960年から70年代に名誉会員として活躍した英国人に、Dr.マーガレット・ロジャース・ヴァン・クープスがいます。彼女は私のスピリチュアルの師です。

ロジャース博士は幼少期からその能力を現し、5歳のときに英国の退役軍人を癒す力を認められ、軍隊の名誉隊員でもありました。60年から70年代にかけて、20代であった彼女は、英国スピリチュアリスト協会でミディアム（霊能力者）として活躍しましたが、30代に遺伝性のパーキンソン病を発症し、一度は臨床的な死を迎えます。しかし、高次の存在からクリスタル・アキュパンクチャーという治療法を教授され、奇跡的な自己治癒を遂げました。その後、多くの人がその治療法を求めて、ロンドンにあるロジャー博士のセンターを訪れたそうです。

国際サイキック・フォーラムと、アメリカ形而上学協会の共同設立者の一人でもあり、臨床催眠療法および統合医療の専門家で、米国催眠療法協会、国際催眠連盟、米国カウンセリング協会、英国占星術会の創立メンバーでもあります。現在はＵＣＣ（カリフォルニア州政府認可スピリチュアリズムの学校）のプレジデントを務めており（私はヴァイスプレジデントで、将来はあとを継ぐことになっています）、地元アリゾナ州の大学で教えています。

長年の疑問に対する答えを得る

私がはじめてロジャース博士に出会ったのは２００４年夏の終わり。「魂のことを知りたい、魂のことを教えてくれる人に会いたい」と思い始めた頃のことでした。

あるセミナー会社から届いた会報誌を何気なくパラパラとめくっていると、来日予定の外国人講師が紹介されており、そのなかの一人に目がとまりました。それが英国出身のDr.マーガレット・ロジャース・ヴァン・クープスでした。

「この人なら、知りたいことをすべて教えてくれる」。直感的に「声」がそう教えてくれました。「リーディング」なるものを受けたこともなかった私でしたが、そのときは清水の舞台から勢いよく飛び降りるくらいの覚悟で、個人セッションを申し込んだのです。

セッション当日、ロジャース博士は「順番は前後するかもしれないけれど、スピリットガイドが話すことをチャネリングしていくわね」と、約1時間のリーディングで私にとって確認や導きとなる情報を次々と教えてくれました。

「あなたは生来のカウンセラー。ヒーラーでチャネラー、リーダー、ティーチャー、オーガナイザー、デモンストレーター。そしてもっとたくさんなの。それなのに自分のことを『私をアーティストと呼んで』と言っているようなもの。フェンスの上から眺めるだけで何もしないのはもうやめて、実際にやるべきことを始めなさい。昔から、あなたにとってスピリットガイドと話すことは、きわめて自然なことだったはずです」

この言葉の前半は、その時点では意味がよくわかりませんでしたが、「自分をアーティストと呼んでほしい」と思っているというくだりは、ずばり！　で笑ってしまいました。

そして幼い頃、見えない誰かと話をしたり、質問を思い浮かべると答えが返ってきたり、学生時代に進路に迷ったときは白髪に白髭の賢者のようなおじいさんが現れて、人生の指南をしてくれたこと、「声」が危険を知らせて危機一髪で命を救われたことなどを思い出しました。

ああ、あの声は、あの答えは、あの言葉は、スピリットガイドだったのだ――。

「あなたはものすごい回数の転生を重ねてきた。過去世も、全部話せないけれどたくさんあるわ。たとえばエジプトでの巫女の時代は、神殿で音・声を使ったヒーリングなどを行っていたみたいね。それから神官学校の校長の転生もあった。オーストリア皇帝のために歌ったオペラ歌手、英国王室の親戚として生まれた転生もあったわね」

身分については何とも言えないものの、転生でのエピソードを聞くと、なるほど今世の私と強くリンクしていると思える事柄ばかりでした。

「それから、今世には英国の強い影響を持ち込んでいるわね」

言われる通り、母方の曽祖父は英国国教会の牧師でした。母方の親戚はロンドンの銀行に勤めていましたし、母方の叔父も、父方の叔母も英国に留学経験があり、それらのことを知らずに私が選んだ留学先も、英国でした。父は英国式の自然庭園や日本の里山の自然を都市に持ち込むというコンセプトで設計などをしていました。

「あなたはとにかくアーティスト。音楽の楽器のほとんどを演奏したことがあるはずよ。オーストリアのオペラ歌手だった転生も、とてもいい人生だった。あなたは大勢に愛されて、大きな屋敷に住んでいた。でも、金銭に関しては、管理人に任せていたのね。それでお金がなくなっていることに気づいたのは、死に際だった。でも、いい人生で、あなたは満足して亡くなった。それで、今世でもお金を管理していないわね」

最後の部分はその通りすぎて、驚いて笑ってしまいました。

オーストリアのオペラ歌手の過去生があるというのはうれしいことでした。25歳のときにオーストリアの首都ウィーンを旅し、何でもない路地裏で200年前の人々の様子を、その時代にタイプスリップしたかのようにビジョンとして見たこともありました。

それに私は弦楽器が大好きで、特にオーストリア、チェコ、ハンガリーあたりの弦楽合奏団やオーケストラが大好きでした。オペラの美しいアリアや弦楽器に限らず、クラシック音楽は全般に大好きです。音楽は自分を調えてくれ、感動と浄化を与えてくれ、どんなに辛いときでも救ってくれる。音楽のない人生は考えられないくらい、音楽に救われてきたという自覚がありました。

世界をどう知覚するか

さらにロジャース博士は、こう私に質問しました。

「あなたは、人が知らない多くのことをすでに知っている。あなたが本を書くとしたら、ウェブサイトを創るとしたら、何でも好きに表現していいとしたら、いったい何を主題にする？」

「ええと……。世界をどう知覚するか、についてでしょうか」

「まさにそれよ。あなたはどれだけ何ができるのか、まだまったくわかっていないのね」

「はい……」

「あなたが今日からまずすべきことは、自分を信じること。社会のなかであなたは自分を信じることを忘れてしまった。他の誰かがいいと言うことを信じるのを、学んでしまったの。たとえ地球上の全員がNOと言ったとしても、あなたがYESと感じたらそれを信じなさい。あなたは善とは何であるかを、本当は内側で知っているのだから」

なぜだかわからないまま涙があふれ出して、止まらなくなりました。この涙は自己の深奥、本質からあふれて流れてくるもの。そうした体験を数多くしてきたことも、次々と思い出しました。

学生時代、大聖堂で起きた感動的な神秘体験、散歩の途中に降りてくる気づき、身の回りを高速で流れ回転するエネルギー、一人で芝生に座っているときに起きる不思議な体験やビジョン……。

ロジャース博士は言いました。

「霊魂について学べる講座が今月末にあるの。あなたはそれをすごく楽しむと思うわ。ぜひいらっしゃい」


こうして私はロジャース博士から、この宇宙や世界の仕組み、人が生まれてくる意義や転生の仕組み、セラピーやリーディング、コンタクトの仕方、安全かつ質のよい能力開発の方法などを学びました。

本書には私がこれまで20年にわたって、ロジャース博士やスピリットガイドから学んだり、聞いたりしてきたことをまとめました。

では次章から、本題に入っていきましょう。

第1章

スピリチュアルを学ぶということ

人は成長・進化するために転生する

スピリチュアリティ（霊性）は、人間という存在の本質を扱います。人間が存在するとき、そこには必ず霊魂という本質があります。スピリチュアリティは「生まれる目的とは」「人はどう生きるのか」といった、人がもつ普遍的で根源的な問いに答え、人生観、死生観、価値観、生き方など、誕生前と死後を含む、人間の活動の全領域にわたるものです。

スピリチュアリティとは、人類の普遍的な本質を探究する領域といえます。それに対してワンネス（一体性）とは、宇宙の原理を概念的に説明するものです。一つの源から分かれて創造されたあらゆるものがつながっている。部分は全体を構成しているので、創り出された世界はその総体の意識によって変わりうるということ。

スピリチュアリティに対して、ワンネスは「人類を含めこの世界を生じさせている宇宙の構造（霊的階層世界）全体」ということになり、そのような世界観・宇宙観を扱います。

このようにスピリチュアリティもワンネスも、目に見えない世界の「本質」を扱います。

「見えないもの」は存在しない？

しかしながら霊魂は目に見えません。「見えないものは信じない」と言う人がいます。

ここで少し考えてみましょう。

たとえば、電磁波、電気、フォトン、重力、素粒子、放射能――これらは肉眼で見ることができません。けれど、明らかに存在していることを、現代の私たちは「知って」います。つまり、肉眼で見えない＝存在しない、ということにはならないのです。

電磁波などは、その存在が証明される以前から存在していたのは明らかです。科学があとから「何かがある」と「仮定」し（偶然の発見もあるかもしれませんが）、「証明」していったのです。ですから、証明される前というのは単に「証明されていない」状態であって、「存在していない」ということにはならないのです。

とはいえ、それが「存在する」ということを証明できているわけでもありません。それゆえ、「スピリチュアリティ＝見えないものがあることを信じなさい」ということでもないのです。スピリチュアリストとして、霊性教育家として仕事をしている私でも、「こうなんです、とにかく信じなさい」と言われたら、「いやいや、いきなり言われても信じられませんよ。そもそも、その根拠は何ですか？　誰かの信念を押しつけられても納得できませんよ」と言うでしょう。

ですから、私が本書のなかで述べることも、「信ぜよ。これが世界の唯一の真実である！」などと言うつもりはありません。

ただ、もし、スピリチュアリティやワンネスに興味を感じているけれど、それが自分にしっくりくるかはまだわからない、ということであれば、まずは数ある思想、あくまで世界観、人間観の一つとして捉えてみてはどうですか？　と提案したいと思います。私はいつもそう思っています。

こうした宇宙観、世界観、人間観をインストールして、検証してみたとき、あなたの意識は、人生は、毎日は、どう変わるでしょうか？　ここに触れてみてはじめて拓ける探究の世界があります。

ワンネス意識やスピリチュアリティを学び、実践している人々は、真に自分らしい人生を生きる喜びを発見し、人間関係が好転したり仕事がうまくいくなど、充実した、幸せな変化を実感しています。となれば、ここには何か好ましい効果や、見るべき価値があるということがロジカルにわかります。

世界、人生、自己をどう捉えるか

ワンネスやスピリチュアリティは肉眼で捉えることのできない、物質を超えた領域を扱います。そうした領域を表わすのに、日本語では精神世界、英語ではメタフィジクスという言葉があります。メタフィジクスとは、「形而上の存在を扱う、哲学の部門。現象界の奥にある、世界の根本原理を（純粋思惟や直観によって）探究する学問」（Oxford Languagesの定義）となります。

私はワンネスを「形而上学」と捉えています。世界の成り立ちや原理について、五感を超えた超物質的な視座から捉えることとは、人類が古代から取り組み続けてきたテーマです。ワンネスとは本来、そうした根源的「宇宙観・世界観」でこの世界をどう捉えるかの「思想」であり、スピリチュアリティとは、どのような「人生観・人間観」でもって人の生を生きるかを問う実践哲学と考えています。

ワンネスとは、大きくいえば「ありてあるものすべては一つである」という一体感、思想です。命あるものは多様でありながら一つにつながっており、互いが互いの一部であり、互いに影響を及ぼし合いながら、全体を成している、ということです。

異なる角度・視座から見つめる

宇宙に存在するすべての存在は、もとをたどれば「一つ」である生命です。一つなる「源《みなもと》」から、自由意志と創造性を発揮して、分離し、派生し、多様な発展を遂げてきました。私たちがいま見ているのは、その結果としての「多様な多次元の世界」、それがワンネスの本質です。

同じものごとも、異なる角度、視点から眺めれば異なって見えるもの。ですから自分たちが唯一の真実を標榜し、他はそうではないと否定するものではないのです。

どのような世界観、人生観、生命観をもって、どのように生きるのか。それはあなたが選び、決めてよいことです。そして、その選択の結果を受け取るのも自分なのです。

これはスピリチュアリティで大切な「自己の本質に誠実に生きる」という原則の一つです。

また、すべての人が霊的な問いを抱くとは限りません。今世ではそのような探究はしない、ということだってあり得るからです。霊魂の学びにも適切な時期や段階があるのです。

魂の成長段階については第3章で詳しくお伝えしていきます。

スピリチュアリティとはそもそも何か

「スピリチュアルって何？　一言で説明して」と言われるのは、かなり難しいことで、説明しにくいものです。しかし、おおもとである「霊性」から説明することで、言葉の意味や範囲をだいぶ説明できると思いますから、できるだけわかりやすく説明したいと思います。

まず「スピリチュアル（Spiritual）」と「スピリチュアリティ（Spirituality）」という言葉について解説していきましょう。日本では「スピリチュアル」という言葉がかなり定着していますが、この言葉は、見えないもの全般、心霊現象、神仏などの宗教・信仰などから、占い、願いが叶う、前世、パワースポット、心理、エネルギーヒーリング、第六感や特殊能力など、実にさまざまな意味で使われています。

このように日本では、「スピリチュアル」の意味する範囲が非常に広いのですが、何をどんな範囲で「スピリチュアル」と呼ぶのか、はっきりしないまま広く使われているように思われます。しかし、「スピリチュアル」があふれるようになる前の日本には、「精神世界」と呼ばれた分野がありました。こちらが「スピリチュアリティ」とほぼ同じ範囲を現す言葉といえます。

いっぽう、欧米で「スピリチュアリティ」といえば、精神世界、信仰、神秘体験などを連想させ、人の高次の精神活動を指し、より言葉に即して理解されているように思われます。

スピリチュアルという言葉の意味は？

スピリチュアルという単語は、「スピリット（Spirit）」（霊魂、精霊、～精神）の形容詞です。形容詞ですから「霊的な」や「スピリットの」という意味であり、本来は名詞形としては使われない言葉です。ですので、スピリチュアルという言葉を正確に使おうとすれば「スピリチュアルな〇〇」という形容詞として使うか、意味によりますが「スピリチュアリティ」「スピリチュアリズム」という名詞にするのが本当の使い方になります。

「意味によりますが」と書いたのは、日本で使われる「スピリチュアル」と「スピリチュアリティ（霊性）」では、意味するところが少し異なり、「スピリチュアリティ」と「スピリチュアリズム（心霊主義）」でも、その意味することが異なるからです。

私は、一番おおもととなる概念を現す「スピリチュアリティ（Spirituality）」という言葉を使っています。スピリチュアリティとは、日本語では「霊性」「精神性」などと訳されますが、ここではまず「スピリチュアリティ」について説明していきます。

英語では、形容詞「Spiritual《スピリチュアル》」に「-ity」という接尾語がつくと、「性質」「状態」を表わす言葉となり、「Spiritual」は「Spirituality《スピリチュアリティ》」になります。たとえば「Diverse《ダイバース》（多様な）」という形容詞に「-ity」がつくと「Diversity《ダイバーシティ》（多様性）」になるのと同じです。

「Spirituality」という言葉は、霊であること、魂であること、精神的な存在であること。つまり、一言で表わそうとすれば「霊性、精神性」ということになります（スピリチュアリズムとは「Spiritualism」であり、日本語では「心霊主義」という言葉が当てられます）。

スピリチュアリティとは「霊性」である

スピリチュアリティを訳すと「霊性」となり、すべての人は本質的に「霊魂」の存在である、という前提があります。「肉体」が存在する以前に、本質としての「霊魂」がある。そして、その霊魂が進化・成長のため地上へと転生すると決めると、物質の器である肉体に宿り、地上へ「誕生」することになります。

A誕生前（霊魂）、B誕生後（人間）、C死・死後（霊魂）。このように誕生以前から死後までのサイクルによって、人の存在形態は変わります。

Aの状態では霊魂ですから、意識的な存在であり、エネルギーの状態です。Bの状態では霊魂が肉体に宿っているため、物質的な存在でもあります。Cの状態では死によって肉体を脱ぐ形になりますから、霊魂の状態に戻ります。よって、AとCは同じ霊魂の状態です。

けれど、AはBという転生を体験する前の状態であり、CはBという人生体験を経たあとですから、同じ霊魂であっても元に戻ったのでなく、Bという体験を重ねて成長した状態ということになります。

霊魂が肉体のなかへ降りていき、人間として誕生することを「転生（Reincarnation）」といいます。こうして霊魂が肉体に宿った存在が「人間」で、その生を「人生」と呼びます。

このように、人間としての地上の人生、およびその前後（天上）まで含めることもあってスピリチュアリティの扱う範囲は非常に広範になるのです。「天上」に属する霊魂が「地上」で肉体へと宿り、「人としての生」を送る。ということは、人間とは、もともと属する「宇宙　天上世界（AとC）」と、「人として生きる地上世界（B）」の両方を生きる存在であるということなのです。これが、人類の普遍的な本質「スピリチュアリティ（霊性）」

が意味するところです。

肉体の「生」と「死」の意味

そもそも、天上世界に属する霊魂が、地上世界に転生する仕組みとはどのようなものでしょうか。

地上での転生サイクルを自らの成長・進化のカリキュラムとして選んだ一人の霊魂は、どのような地域に生まれ、どのような体験をして何を学び、どのようなゴールを達成するかといったことを決めます。

そして、地上に転生するには肉体という器が必要です。ここでその転生における両親となる人々が決まります。両親となる霊魂は先に転生し、平均約20年〜30年のうちに地上で出会います。妊娠した母親が出産するときに、霊魂はその赤ちゃんの肉体内へ自分をクシャクシャッと縮めるようにして入ります（霊魂は地上の物理法則に縛られていないため、大きさを変えることも、時空間を自由に行き来することもできます。この霊魂の感覚と性質は、肉体の感覚と性質と大きく異なります）。

人としての生＝人生が始まると、まずは体が発達していき、生育の過程でさまざまな交流や体験を得て成長していきます。人間性、社会性が発達し、人によりその程度やペースや課題は異なりますが、精神性も開発されていきます。地上の肉体において人生をスタートすることを「誕生」といい、寿命が尽きて肉体を脱ぎ、地上の生を終えることを「死」といいます。

死を迎えると、肉体を置いて（肉体から抜け出て）、もともと属していた霊魂の世界へと戻ります。霊魂は永遠・不滅の存在であり、肉体は死すもの、というのはこのようなことです。この「霊魂の成長のために生きる、そのために肉体の生があるのだ」ということは、スピリチュアリティの中心的な概念といえますが、決してどこからか降って湧いたような怪しげなアイデアではないのです。

霊魂とは、肉眼では見えない世界（宇宙）に存在する、私たちの本来の姿です。霊魂は地上へ幾度も転生を繰り返して、多様な人間として多様な体験を積みます。一つの転生ごとに肉体も環境も時代も変化しますが、霊魂はそれらの転生経験を通して成長・進化していきます。霊的意識が成長すること、これが人が生まれてくる理由なのです。

哲学者・ソクラテスが聴いた神的存在の声

古代ギリシャの哲学者、ソクラテス（紀元前469年頃‐紀元前399年）の名は、おそらく誰もがご存じでしょう。ソクラテスは西洋哲学の祖とされ、「無知の知」や「問答法」「汝自身を知れ」といった言葉がよく知られています。

2007年に私がUCCスクール・オブ・スピリチュアリズムのミニスター（聖職者・講師）課程で学んでいたとき、Dr.ロジャースから出された課題のなかに「哲学者を3名を選び、その人物の生涯についてレポートせよ」というのがありました。私は対象の一人目としてソクラテス‐プラトンを選びました。ソクラテスは自身で著作を遺さず、弟子であるプラトンが、ソクラテスが語った内容をまとめたという形で、書物を著したのです。

ギリシャの都市アテネでは、政治家や弁論家が力をもち、富を蓄え、身体の美しい者が称賛を浴びていました。いっぽう、哲学者は生産性がいかにも低いということで、地位はとても低く、場合によっては侮蔑の対象ですらあったようです。おや？ なんだか、古代ギリシャも現代も、変わりないように思われますね。

「不滅の霊魂」とその器である「肉体」という概念

ソクラテスは「Psyche《プシュケー》（霊魂）」という存在を、知と徳の存在する座だとしました。「プシュケー」とはもともと息や呼吸を意味し、転じて生命の源、心や魂を意味するようになりました。知や徳が魂にある、ということです。日本語で「超能力」などと訳されるサイキック（Psychic）と精神科のサイキアトリック（Psychiatric）という言葉は、このプシュケ（Psyche）という古代ギリシャ語からきています。

ソクラテス－プラトンは、滅びる宿命の物質的肉体「ソーマ」に属する感覚（五感）を超えた「知」を描き、その「知」を特質として自己を動かす「プシュケー＝霊魂」は不滅である、としました。当時の古代ギリシャで中心的であった「物質的な価値を求める生き方」に対して、「善く生きることでプシュケー（魂）を磨く生き方」をせよ、と「魂をよくする生き方」を説いたのです。

つまり、物質的な価値のために生きるのでなく、魂を磨き精神的な価値を磨いて生きよ、と言ったのでした。

プラトンは、ソクラテスの説を紹介するという形で「イデア論」を展開しました。この肉体の牢獄に囚われた世界に対して、イデアという、物理的な肉体に囚われない本質的な世界があると説いたのです。この「イデア論」を読むと、スピリチュアリティを理解している内容であることがよくわかります。ほぼ同じことを言っていると思えるほどです。

とはいえ本質的なスピリチュアリティは、物質的世界を否定したり、軽んじるわけではありません。世の中を厭う、厭世主義でもありません。楽しみをもって暮らすことを否定するものでもありません。

スピリチュアリティは、このように哲学とかなり共通したテーマをもっています。けれど、哲学や宗教よりも古いといえるでしょう。というのも、人間が存在したときにはすでに「霊魂が肉体に宿る」サイクルが始まっており、「人はもれなく霊的な存在＝スピリチュアルな存在」ということになるからです。

ソクラテスが受け取った「超自然的・神的な合図」

ソクラテスは、弟子がアポロン神殿の巫女から聞いた「ソクラテス以上の知者はいない」という言葉に、「自分はものを知らないが、神がそう言ったなら、それが本当か確かめてみよう」と言って、アテネの街で誰彼かまわず、手当たり次第に質問をしていったといわれます。

そして、「自分はものを知らないと思っているけれども、知っているふりをしたり、知っていると思い込んでいる人たちよりも、『知らないということを知っている』ぶん、彼らよりも賢い」と気づきます。これが、「無知の知」です。

当時の有力者にでも、誰にでも質問をして議論を吹っかけ続けた結果、ソクラテスは「人々を惑わし、国家の神々を信じずに、新しい神霊を信じるという不敬罪」により、死刑を言い渡されます。

そして、ソクラテスは堂々と牢獄に囚われるのです。友人（弟子）たちは国外への逃亡を勧めますが、彼は頑として聞かずに「死刑をそのまま受け入れる」と言います。これには理由がありました。

ソクラテスは哲学者であり、思索の人。非常にロジカルな、ディベートのエキスパートといったイメージをおもちの方も多いと思います。しかし、実は非常にインスピレーショナルな（霊感に富んだ）人でもあったのです。

彼は非常に大事な議論の場面で、「高次の神的な存在の声を聴いていた」ということを語っています。不思議なことに、この部分についてはなぜだか、世間からほとんど注意を払われていないようです。そこの部分だけすっかり無視されているような雰囲気です。

ソクラテスによると、この「高次の神的な存在」とは彼を導くダイモーンという存在だそうです。ダイモーンとは古代ギリシャにおいては「神的な何か」という意味で、ソクラテスは昔から「超自然的・神的な合図」を受け取っていたのです。

予告的警告をくれるダイモーン

「私の聴き慣れた〔神霊の声の〕予言的警告は、私の生涯を通じて今に至るまで常に幾度も幾度もきこえて来て、特に私が何か曲ったことをしようとする時には、それがきわめて瑣細な事柄であっても、いつも私を諫止するのだった。しかるに今度（中略）私は神からの警告の徴《しるし》に接することがなかったのである。」

（プラトン著、岩波文庫『ソクラテスの弁明』、久保勉訳より）

ソクラテスが何か間違ったことをしそうになれば、それが些細なことであってもダイモーンが常に制止してくる。しかし、彼が死刑を宣告されたとき、牢獄に来たときも、ダイモーンはソクラテスを制止しなかった。だから、死刑を甘んじて受けるということは、自分にとって「そうすべきことなのだ」とソクラテスは言ったのです。

ソクラテスは「死」について、こうも言っています。身体の楽しみを得たいがために長生きしたいと思うのと、魂のために生きて死ぬのだったら、後者が本当に知を愛する（フィロ・ソフィア＝愛知）者の態度だ、と。生粋のスピリチュアリストですね！　しかしながら、この哲学者としての態度はかえって、裁判員を怒らせたといいます。

ダイモーンという言葉は、のちにキリスト教が入ってきて、デーモン（悪魔）などと一緒にされていったようです。しかし、古代ギリシャでのダイモーンは、そのようにおどろおどろしいものではなく、神と人との中間に位置する「神的な」存在でした。古代ギリシャでは、善なるダイモーンと、悪なるダイモーンがあり、善なるダイモーンはよい影響を与え、悪なるダイモーンは、よくない影響を与える、という理解であったようです。

ですからソクラテスを導く善なるダイモーンからの「お告げ」を、彼は絶対的に信頼して生きた、ということになります。

ソクラテスは、死がどんなものか知らないのだから、それを恐れることもない、と言っています。知らないので、死んで終わりとなればそれはそれでよし。死んで存続するとなれば、冥府でちゃんとした審判を受けられるし、すでにあちらの世界へ旅立った偉人たちに会えるから、どちらにしてもよい、と。

何だかひょうひょうとして、いかにもソクラテスという感じがします。

ソクラテスも、そして近代の心理学者カール・ユングもそうですが、インスピレーション、ビジョン、魂の声、不思議な導きなどの現象を通じて、人間の知を超越した存在や事象に導かれる体験を積み重ねてきたのです。スピリチュアリティの基本、霊魂と肉体という概念は、古くから存在しており、人は昔から「なぜ生きるのか」「いかに生きるのか」「そしてどこへ行くのか」と問い、探究してきたのです。

私自身も「声」に守られたり、助言を受けたり、危ない状況を避けられたりした体験があるので、ソクラテスが死刑を甘んじて受け入れるくだりをはじめて読んだときは、おおっ、これはまさにスピリットガイド……！　と驚いてしまいました。

個々の人々が霊的に覚醒することが重要

私はこれまで、日本とヨーロッパで個人セッションや瞑想会、ワークショップ、スクール、講演活動などを通じて、「ワンネス」の構造と仕組みを体系的にお伝えしてきました。「世界はなぜ、こうなっているのか」「どうしてこういう現象が起きるのか」「なぜこういう体験をするのか」といった問いから、人類にとって究極の問いともいえる、「我々は誰で、何のためにここにいて、どこへ行くのか」といった問いに対して、スピリチュアリティ、およびワンネスの仕組みをわかりやすく解説することで、皆さんが納得できる答えを、もちろん完璧ではないでしょうが、提供できていることをうれしく思っています。

有史以来、人は価値観、宗教、民族、国境を違《たが》える人々と戦いを繰り返してきました。それは現代に至るまで変わりません。いまや私たちの世界は分離や破壊に苦しんでいます。出口が見つからない、袋小路です。

経済的・物質的に成熟した社会にありながら、私たち人間は生きる価値をどこに求めればよいのか迷い、大切なものが見えにくくなっているといえます。消費社会のなかで軽んじられ、損なわれ、失われてきたもの。それは生命の本質的価値、大切さであると思うのです。

その生命を最優先に。生命を中心として、「共に生きる」「共に在る」存在の仕方へ。

私たちの住む世界は、いままさに生命中心の価値観へシフトしていこうという意識・力が働いている時代だと思うのです。

真の意味でのスピリチュアリティとは、人間の生全体を扱い、さらには一人の生を超えて、世界の構造全体を扱う探究分野です。私たちが生きる意味、目的、成長と進化、死とは何か、どこへ行くのかを明らかにしてくれます。

スピリットガイドからのメッセージ

あるとき、高次の霊的な指導存在であるスピリットガイドの一人から、次のようなメッセージを受け取りました。

今日は「霊（スピリット）」についてお話ししよう。あなたが物理的な「肉体」をまとった「霊的」存在であることは、多くの人が目にするか聞いたことがあるはずだ。転生とは、「霊的」な目的をもった「霊」が、その目的を地上の物質世界で成就するために、「肉体」のなかに宿ることをいう。

しかし、地上では多くの人びとが物質を崇《あが》め、自身をものに隷属させている。ここで聞きたいことは、あなたは貴重な人生を霊的な目的のもとに生きるのか、それとも物質に仕えるため、ものを得るために費やすのか、ということだ。

現代の物質的な生活をやめるように言っているのではない。その必要もない。しかし大切なことは、あなたは何のために、あなたの地上での貴重な人生を費やしているのか、それを自らに問うことだ。

あなたのなかに宿る「霊」とは必要不可欠のものであり、それがなければ肉体の人生も存在しない。「霊」がなければ「人」は存在せず、「人」がなければ「もの」も存在しない。ものは人が快適に安全に過ごすための道具である。

人は「霊」として自身の存在を進化させるために転生するのであって、道具に仕えるために転生するのではない。

鶏が卵を産むと、卵は藁の上に落とされる。そのときあなたは、「藁がもっとも大切で必要不可欠な役割を担っている」と言うだろうか？ 「藁」は「卵」が存在する理由だろうか？ もちろん、そうではない。

鶏が卵を産んで、卵からヒナが生まれ、それが鶏の姿となるまで安全に保ち、生育の場を提供するのが、藁の役割である。鶏や卵は藁のために生きているのではない。卵からかえったヒナは、いっとき成長を支えた物理的な環境を、いつしか必要としなくなるものだ。

人もいつか物質的な環境を必要としなくなり、霊の世界に還る日が来るであろう。しかしそれは、人が「存在の理由はスピリットであり、生命である。物質は生命に仕えるのであって、生命が物質に仕えるのではない」ということを学んだとき、真の意味で「霊」の自覚に目覚めたときとなるであろう。

あなたの霊が宿った貴重な人生を、あなた自身の霊性を磨くために費やしてほしい。それが私たちのメッセージである。

彼は、人が霊的な存在であること、霊的な成長・進化のために転生した人生の本来の目的を、物質的な引力の前に見誤ってはいけない、と言っています。「あなたの人生を霊的な目的のもとに生きるのか、それとも物質に仕えるために費やすのか」というシンプルなメッセージです。

成長進化を阻む「恐れ」の正体

人類の意識は進化の途上にあります。私たちの意識は永い時間をかけて進化し続けているのです。特にいま大事なのが、物質至上主義から、精神的価値へと人類の意識がシフトすることです。

目に見える「物質」的価値を至上のものとする時代は過ぎ、目に見えない「心や魂」といった非物質的な価値が中心になりつつあります。その過渡期であるいま、「物質的価値を失うことを恐れる」人の心が、その移行を妨げているように思えます。

けれど、あるものを失うのではなく、すでにあるものを改めて認識して評価し、不足や不均衡を是正したり分かち合うことによって、互恵的・平和的に皆が満たされていく社会を創り出していくことも可能なはずです。

皆でより豊かに、より幸せになっていけるということは、「どちらかが失い、どちらかが得る、そうでなければ生き残れない」といった恐れに基づいた価値判断から抜け出ることでもあります。人は互いに与え、いまこの瞬間に共に満たされ、豊かで幸せであることを実現できます。失うことへの恐れに支配された世界から解き放たれることこそ、真の解放といえるのではないでしょうか。

あなたは目的をもってこの時代に生まれてきた

お金や地位、人からの評価、権威、仕事、環境、情報などは、地上の人生において安心や快適さを与えてくれます。しかし、それも変化しうるものだということを心に留めておく必要があります。

ジャングルや砂漠では、お金よりも自然のなかで生きる知恵のほうが重要で価値があります。高山では酸素か、低酸素の環境で生きられる体がより必要となるかもしれません。役職や権力はそのグループ内にいては有効ですが、グループの外に出たり、環境が変われば一変します。

ものやサービスの価格、人の評価といったものは、人がどれだけそれを必要とするか、価値を置くのか、どれだけ手に入りやすい（にくい）かなどの要因によって変化する流動的なものなのです。

人からの評価やお金など「外なる何か」によって自分の価値を証明しようとすると、それがなくなったら自分は何者でもなくなってしまうといった不安を感じることになります。そうすると、漠然とした不安を解消しようと、「安全で確実と感じられる何か」を探し、「それ」にしがみつくことになります。

「それ」がなければ自分は無力で不自由な存在に思われて、自らの「内なる自己」の価値を顧みないことになります。そして必死で「何かや誰か」になろうとしたり、他の人の価値観に合わせた「自分」を演じようとします。

これでは、「自分のなかに現実を変えるパワーがある」「自分の人生の主導権は自分にある」とは思えなくなってしまうでしょう。

あなたが本当に望んでいるものは？

もしあなたがいま不満や不足、不安を感じているなら、いったん立ち止まって深呼吸して、問いかけてみましょう。「欲しいと思っていたものが手に入ったとき、それは心から望む状況をもたらしてくれる（た）だろうか？」と。

おそらく、「外なる何か」はいっときの安心や幸せを与えてくれたとしても、長続きするものではなかったと気づかれるでしょう。

では、「内なる自己」が願っていることが、本当の安心や幸せ、満ち足りた生き方なのだと気づいたあとは、どうすればよいのでしょうか。

心からの安心を味わい、本当にうれしい、幸せだ、自分を生きている、という感覚をもたらすのは、「あなたが自らのスピリット（真の・高次の自己・魂）の目的に向かって生きているとき」です。

いっぽう、私たちが真の自己から分離した生き方をしているときは、何かが足りない、欠けているといった不足感や不安感を感じるものなのです。

しかし、その居心地のよくない状態は、あなたをより自分らしい人生へと向かわせる、ジャンプ台の役割をしてくれます。

それらの不足・不安・不満に埋もれる代わりに、俯瞰した視点から自身を客観的に観察しましょう。そうすれば、「私の求めているものはこれではない。私には、ビジョン（夢、希望、やりたいこと）がある。そこへ向かっていくために、この不満、不足、不安を使って学び、環境を変え、自分を変えよう。そして、自分にもっとよい未来をもたらすために、行動しよう」といった意欲が湧いてくるはずです。

宇宙からの尽きないサポートのなかで生きる

環境であれ、健康であれ、命であれ、それが当たり前に存在すると思っているとき、人は自分がいかに豊かで恵まれているかを感じたり、感謝したりすることはないものです。それらが失われるような危機的状況になったとき、人生を振り返り、答えや拠りどころとなるものを探し始めます。

つまり、心や精神などの内側に目を向けるということです。そして、「命があることはいかに豊かでありがたいことであったか」といった、シンプルながらパワフルな真実に「気づく」のです。

そのような意識で生きる人生は、毎日が穏やかで、優しく、温かいものとなります。また、そのような意識から発せられる波動で過ごしていると、同じような波動をもつスピリットと引き合い、めぐり合うことになります。

自身が望み求めるものを得る

そうした存在には、「周りは敵・競争相手であるという思い込みや恐れ」「不足感や苦しみ」「満たされていないと思うことからくる不安」がないので、そのバイブレーションは豊かさをたたえ、安心で満たされたものとなります。

この波長が、さまざまな形の豊かさ（本人の望む形の豊かさ）を引き寄せることになります。そうして、「さまざまな経験をして成長させてもらっている自分は、なんて豊かで恵まれていることか。ありがたい」といった、感謝の気持ちが生まれます。

こうした波動はとても洗練されているので、あなたの肉体・感情・思考を癒し、霊性を高め、あなたはさらに洗練された高次のスピリットにつながることになります。

その結果、人やものごとを大切にする波長が生まれ、そこに引き寄せられ、共鳴するような人やものごとが現れます。

本人も周りの人も幸せで、豊かで充実したバイブレーションを感じ、協調したり、愛や尊重の波長が引き合います。高次のスピリットからもたらされる直感やインスピレーションに同調して行動し始めるようになるため、物事がクリエイティブに創造され始めます。

このようにして、どんどん世界が豊かなものに感じられるようになります。

人は、自身が望み求めるものを得るといわれます。ですから、「あなたのスピリットが本当に望んでいるのは何かを知ること」と、「本当に望んでいることが実現するのを阻んでいる怖れや葛藤を手放すこと」、そして実際に、「内なる自己を信頼して行動すること」

が、豊かさの具現化にはとても大切です。

あなたはこの時代を選んで生まれた存在

転生には目的があります。世界のすべてが完璧なら、転生する必要はないのです。地上に生きる人類はまだやるべきことがあり、成長する必要があります。私たちは、目的、手段など入念な準備をして、転生してきているのです。

そして、全員が同じ成長段階にあるのではなく、それぞれ異なる魂の進化の途上にあるといえます。魂の年齢によって、人生の成長の主題、価値観が異なります。

地上では、そのように異なる価値観や意図をもつ多様な人々が交流し、摩擦や争いを含め、成長の機会、レッスンを分かち合っているのです。地上に転生する場所や時期も、自らが選びます。

ということは、いま地上に生きている私たちは、この時代に、あえて日本に生きることを選んで、転生してきているというわけなのです。

何のために？　といえば、それは人によって異なります。多様な段階、多様な目的、多様な学びの種類があります。それぞれに異なっていながら、成長・進化の道のりを分かち合っている私たちは、互いにこの世界の一部であり、影響を互いに及ぼし合っているのです。

第2章

ワンネスへと向かう時代

ワンネス思想はこの世の処方箋

第2章では、ワンネスについて、お伝えしていきます。

ワンネス（一体性）とは、宇宙・世界の存在の成り立ちや仕組みなど、原理を意味します。一つの源から分かれ、創造されたすべてはつながっており、多様で多次元的でありながら、同時に「一つ」であるのです。それぞれの部分（一人ひとりの意識）は全体を構成しているということになります。

それゆえ、一人ひとりの意識がどうあるかによって、世界に創り出されるものや、存在の仕方が変わる、ということになります。低次の自己の波動は、低次の現象・現実・世界を創り出し、高次の自己の波動は、高次の現象・現実・世界を創り出します。

ワンネスは世界がどのように始まり、いまの多次元的で多様な状態に至ったのか、人類はどこへ向かっているのか、世界はどのような構造になっているのか、といった世界観・宇宙観を扱います。

ですので、先にお話したミクロ的アプローチのスピリチュアリティに対して、ワンネスは「この世界を生じさせている宇宙の構造（霊的階層世界）全体」ということになり、その意味では「マクロ」的アプローチといえます。

・世界ではなぜ争いが起きるのか。なぜこれほど混沌としているのか。
・世界の在り方に心を痛め、他者の苦しみや痛みに想いを寄せる人々がいる一方で、自分のことだけ、権力やお金のことだけを考えているような人々がいるのはなぜか。
・なぜ侵略し、略奪し、搾取し、踏みにじる人がいるのか。
・世界には問題が満ちていて、一向に解決していかないように見えるのはなぜか。

この世界＝ワンネスの全体像を知ると、まったく異なる価値観をもつ、異なる進化段階の人々が存在する、人類の意識世界の仕組みがわかります。同時に、低次から高次にわたる意識が現象を創り出している原理を理解することができます。すると、これまで「なぜ」と問いながらわからなかった世界の謎が解けていきます。曖昧模糊《あいまいもこ》として、あるいは混沌としていた世界がすうーっと開けて、明快な視界が得られるような感覚になるでしょう。

人の本質、スピリチュアリティとその仕組みを深く理解できると、高次の自己の本質（霊魂の意識）を知り、霊的な知性と直感、共感力などの資質が開発されていきます。どのような世界のなかにあっても、自分らしい人生を十全に生きられるということがわかります。

自分らしく人生を生きていると感じられるとき、人は喜びを感じ、さらには普段の日常的な自分を超える、大いなる力を発動できるようになるのです。

ワンネスはこの世界全体のそのもの

第2章で解説するワンネスは、全体的な構造を扱い、マクロ的・宇宙的な視座からお話をすることになるため、説明も抽象的、観念的、概念的になります。はじめてワンネスの概念に触れる方は、とっつきにくいと感じられるかもしれません。

そのような場合でも心配しないでください。ワンネスの講座をお教えし始めて14年くらい経ちますが、皆さん、「そういうことでしたか！　やっと腑に落ちた」とおっしゃいます。

ワンネスとは、物質世界の話にとどまる概念ではありません。別の言い方をすると、精神世界の話です。ですので、肉体にそなわる五感（視覚・聴覚など）で知覚できる世界ではありません。つまり、物理的な証拠や確証はありません。

人間として体験する「現象の世界」（物理的に知覚できる世界、知性〈科学〉を超えた世界）を捉えていく精神的な営みであるということ。

捉えたものが自分にとって正であると感じられるようになるには、ご自身の霊的な知性と感性を鍛え、感覚を信頼できるようになる訓練が必要です。ここで提案ですが、スピリチュアルな知性と感性のスイッチを「ON」にするイメージで進んでいきましょう。

読み進みながら、書かれていることがすぐにピンとこなくても心配しないでください。スピリチュアルなトピックに限らず、はじめて触れる概念や世界は、一回ですっかり理解できて腑に落ちるようなものではないからです。しばしば、数カ月、数年、数十年にわたってじわじわと深く意識へ浸透し、深い次元で精神の地盤変化を促すものです。そうして意識の変容が起きてくるのです。

ワンネスはありてあるものすべて、ワンネスはこの世界全体そのものであり、あなたもワンネスを構成している一部です。そのワンネスがあなたに働きかけているからこそ、この書籍を手に取ってくださっているということでしょう。あなたはワンネスのはからい、サポートを受けていらっしゃるのです。

これからワンネスのお話を進めていきます。一人間としての視点を超えた精神世界、形而上学的世界へ。ワンネスの世界を旅してみましょう！

源からの分離と統合（ディセンションとアセンション）

「ワンネスとは何かを一言で説明してください」という質問ほど、難しい問いはないかもしれません。一言でいえば「ありてあるものすべて」ということになりますが、これではわかりませんね。もう少しわかりやすく分解すると、「一つの源から生み出されたものすべて＝すべては一つにつながっている」となります。それでもまだわかりにくいですよね。理解しやすくするために、モデルを使って説明していきましょう。

「源」を指すとき、スピリチュアルな書籍や講義では「神」などの言葉も使われることがあります。しかし、ワンネスインスティテュートでは、宗教に見られるような人格神としてではない「源《みなもと》」という言葉を使います。

はじめに「源」のエネルギーがあります。ここを始点に解

最初に「源」のエネルギーが存在する。

説を始めていきましょう。

源は、全能、万能、完全です。源はエネルギーであり、振動しています。

源は半分は能動的、残りの半分は受動的という、二つの対照的な性質があります。この受動の部分はその言葉の通り、ただそこに在るだけです。自ら動いたり働きかけることもありません。そこに静かに「在る」ことによって全体を支え、つなぎとめる錨《いかり》（アンカー）の役割を果たします。

一方、「能動」のエネルギーは常に振動しながら、元いたところから別のところへと指向性を示し、動き出そうとします。ついには細胞が分裂するように源から一部が分かれ、能動の部分が新たなエネルギーの塊へと分離・分化します。

こうして、母体である源から生まれながら、母体とは異なる性質を備えた振動エネルギーの塊Aが生まれます。Aは源から離れ、分化し、異なる塊として固有の特徴・周波数をもちます。

さらにAから、また分離・分化するエネルギーA'が現れ、塊が増幅していきます。これは創造のプロセスといえます。

「源」には能動と受動が半分ずつ存在する。

AやA′は源とは異質のエネルギーの塊ですが、まったく同じではないけれど源から分かれてきたことには変わりなく、Aという性質をもっています。また、源からBという塊が生み出されると、BからはB′、B″と、似ているけれど同じではない塊が次々と生み出されていきます。

つまり、自由意志と創造の力（生み出すことができる力）を引き継いだ源のエネルギーが分離し、細胞分裂するように分身となる塊を生み出すという営みです。塊という言葉は英語で「クラスター」といい、エネルギー・振動・意識の塊（集合意識）がたくさん創造されていきます。

完全で万能の「一つの源」から、分離と創造が繰り返されて次々と塊ができ、ネズミ算のように広がって増えていく様子をイメージしてみましょう。**源の自由意志と創造の力を備えて分化していくということは、何を創造しようと、どの方向へいこうと自由である、ということです。**これは、たとえば「暗い方向へ増殖を繰り返して創造していこうと、自由である」ということになります。

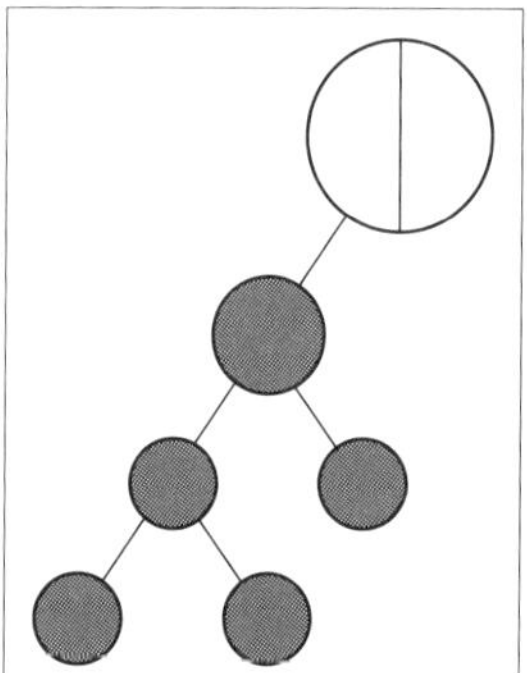

「源」から分離するエネルギーが現れ、増殖していく。これがディセンション（次元降下）である。

エネルギーは常に振動(ヴァイブレート)しています。振動はさらなるエネルギー(動き・力)を生み出し続けます。指向性をもって動いていけば、摩擦が生まれ、音、光、熱、物質などを生み出していくでしょう。

こうして「創造」のプロセスが進みます。指向性を伴って創造し続ける塊が、いずれ物質次元へと生み出されていくことになります。

これは、宇宙を考えるとわかりやすいでしょう。宇宙では、ガスなどの気体が生じ、次第に冷えて固まるなどして、やがて物質や惑星が生み出されていきます。

それと同じように、ある時点でエネルギーの塊が集合意識へと変化していき、意識が物質へと変化し、肉体へ宿り、物質次元への降下が生じます。気体から液体、固体へ変化する氷をイメージすると、気体から物質化するプロセスが想像しやすいと思います。

人はワンネスの地上世界と天上世界に属する存在

地上に人類が生まれる前から存在する宇宙のさまざまな存在は、地上で神などと呼ばれることがあります。そうした存在たちも、創造と自由意志という力を備えています。もっとも源に近いところと比べると、その力の及ぶ範囲は制限されています。そうなると、より低い次元(たとえば地球という物理的な惑星)に、場所、存在を生み出そうと意図することになるのです。

ある時点で、ある初期グループの宇宙存在たちが物理的な肉体のなかに宿り、地上で人間としての生を生きる、という道を選択します。それまで意識体（エネルギー体）として存在していた状態から、肉体に宿り（物理次元へ次元降下）、人間として生き成長するという「輪廻転生」の仕組みのなかに突入し、探索、創造、進化を繰り返していくことになるのです。

やがて文明ができ、それらは地上で衝突したり融合したりしながら、世界を創り上げていきます（ただし、ワンネスには、地球人類に転生しない種族もいます）。

私たちはこの地上の物理的世界に属するだけでなく、ワンネスの超物理的世界に属す霊的な存在です。源からはどんどん離れていきながら、物理的な肉体という制限された次元のなかで、自由意志と創造力を用いながら、この世界にさまざまなものを生み出している、そのサイク

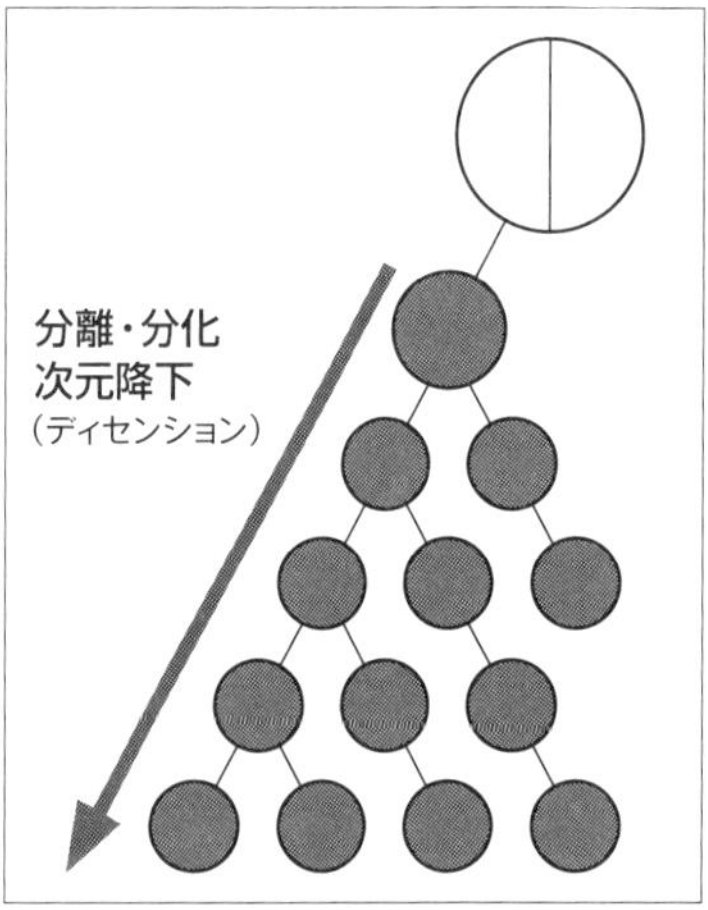

魂は分離・文化を繰り返しながら、さまざまなものを生み出していく。

ルにいることがわかります。

源から派生したすべてを含めて一体、それがワンネスです。私たちはそのようにワンネスの内に繰り返された分化によって生み出された存在＝霊魂であり、同時に、物質としての肉体に宿る人間である、ということなのです。

ここまで「源からの分離」「意識の物質化」の仕組みを解説してきました。この上から下へ分離と創造が繰り返される様子をイメージできたでしょうか。

源から離れて分化していく流れを「次元降下（ディセンション）」といいます。よく聞かれる「アセンション」の対義語です。スピリチュアルなテーマの書籍でしばしば語られる「次元上昇（アセンション）」に先だって、この「次元下降」というプロセスがあるのです。

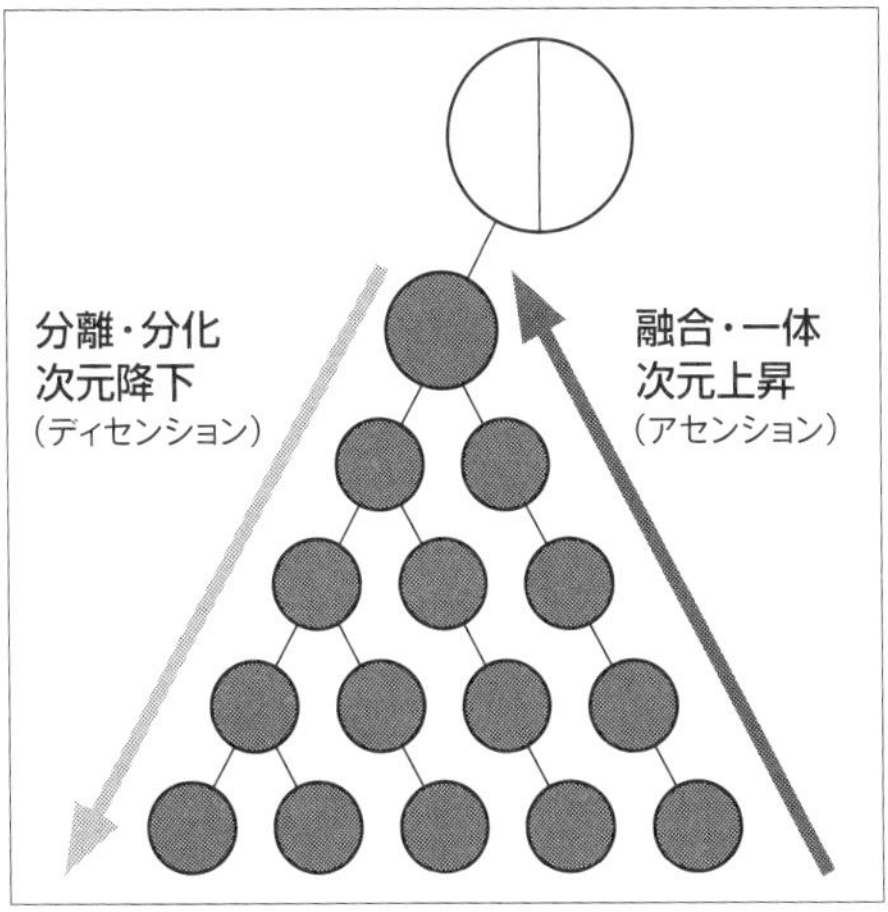

この世で学びを終えた魂は再び「源」へと還っていく。これがアセンション（次元上昇）である。

源を最高次とすると、1回、2回と分離が浅いうちは、それらも高次ということになります。高次の次元では発揮できるエネルギーも、源に次いで強いということになります（大天使、菩薩など、宗教的な神格に階級があるようにいわれることがありますが、これは、この次元の違いなどによるものです）。

分離が進むということは、源のエネルギーから分化が進んで遠くなる、世代が下るということです。源からどんどん遠くなっていくので、たとえば32世代くらいまでくると、さかのぼっても30世代くらいまでのつながりしか感じられなくなる、ということになります。

アセンションとディセンション

前項では源からの分離（ディセンション）と統合（アセンション）の仕組みについて解説しました。

この「次元上昇」「アセンション」という言葉はスピリチュアルの世界でよく使われますが、本来の意味をご存じですか？ 私はこのテーマで話をするときは、まず単語の意味を説明するところから始めます。そのほうが意味がよく理解できるし、理解できるから記憶に残りやすくなるのです。

ヨーロッパを旅行していると、歴史ある建物に古いエレベーターが設置されていることがあります（ヨーロッパではリフトともいいます）。上へ行くにはASCEND《アセンド》（上昇する）、下へはDESCEND《ディセンド》（下降する）と書いてあることがあります。日本や米国ではUP／DOWNとなるでしょうか。

DESCENSION《ディセンション》とは、この「DESCEND（下降する）」という言葉の名詞形で、ASCEN《アセン》

SION《ション》とは、「ASCEND（上昇する）」という言葉の名詞形です。

親から子が生まれてできる「子孫」は「DESCENDANT《ディセンダント》」といい、世代が「下る」ということですね。

つまり、源から分離、次元下降しながら創造が進んでいく方向をディセンション（次元下降）と呼び、源へと向かって融合しながら上昇する流れをアセンション（次元上昇）と呼ぶのです。

アセンションとディセンションのスピリチュアルな意味

ワンネス的世界観では、分離・分化・下降（次元下降）が繰り返されて、ついに地上という物理次元へ舞台が移ります。

地上ではますます分離・分化による創造が繰り返され、その結果として、人類文明が満ちあふれることになります。地球という惑星へ入植するように、霊的な次元から地上の人間の肉体へと転生していくサイクルが始まります。

（史実として残っていない有史以前の超古代文明は、高度な技術などに達しながらも滅亡していますが）初期の人類は狩猟や採集で生活しており、宇宙から頃合いを見てやってきた存在たちが新たな人類の肉体へと転生し、灌漑《かんがい》や建築を始めとして高度な技術を駆使して文明を築いていきます。交易が盛んになり、農業技術などによって定住型の文明が発展し、しだいに人口が増え、余剰の作物や富が得られると、さらに余剰の時間ができ、多くの人口を養えるようにもなります。

文化が発達し、科学、技術、経済、社会が発展していきます。こうして文明社会はあらゆる方向へ広がりましたが、それにつれて問題も生じてきました。

分離という問題です。人類は源から引き継いだ自由意志を働かせ、創造力を駆使しながら地上で発展してきました。しかし、結果として現在の地球文明は、国境、人種、文化、地域、宗教、思想、主義などによって激しく分離しています。この分離によって互いがさらに遠くなり、関連性や共感性が弱くなり、戦争や奪い合いも起きています。

それらの分離を生み出しているのは、主に地上のどこに生まれたか、どの人種として生まれたか、どの宗教を信仰するかなどの物質次元の属性の違いです。

ここで、スピリチュアリティとワンネスの理解を活用してみるとどうなるでしょうか。

霊的に見ると、どこに生まれようと、どれほど異なる文化や価値観や言語を用いようと、人は皆、霊的な存在であり、その本質は共通して霊魂である。さらにいうと、一つの源から分化した元は一つの存在であったのです。

このことを具体的な事象に落とし込んでみましょう。まず、転生という角度から考えてみたいと思います。

解説❶

ジョージさんは、米国の黒人への差別が強い地域で白人として生まれました。しかし、黒人の友人がたくさんおり、彼らととても仲良くやっています。また、過去世を見てみると、アフリカに生まれて黒人として充実した人生を送った転生や、イギリスで黒人奴隷の解放を呼びかけた転生があるようです。

お友達のリチャードさんは、黒人差別主義者として成長しました。しかし、乗っていたバスで事故にあい黒人の男性に助けられたことをきっかけに、これまでの考えや態度を改めました。

このような経験をする目的は一体なんでしょうか。一つには、人種による偏見や差別を克服することがあるでしょう。つまり、人間にはそれぞれ個性や人格があり、人種によってその価値や重要性が変わるのではないこと、どんな違いがあろうと人を尊重することを学び、自らの内にある分離を癒し、人間的に霊的に成長すること、などが考えられます。

人はさまざまな体験を経て、人間であることのあらゆる側面を学び、成長する存在です。そうしてまた別の転生では、別の地域、時代、環境、人種、性別、特徴を携えて、その転生特有のレッスンを学び、成長を果たすのです。

解説❷

ジョージさんとリチャードさんについてワンネスの理解を活用してみましょう。

進化には段階があり、源から分離・分化したタイミングが先の存在もいれば、後の存在もいます。意識の進化、魂の進化には段階があり、先に生まれた霊魂は後に生まれた霊魂より経験を多く積んでいることになるので、より経験豊かで進化した存在、ということになります。

この例でいうとリチャードさんは分離の感覚がより強く、ジョージさんは人種を超えてより調和的なため、分離というよりは融合の度合いが進んでいるといえます。

地球では、異なる進化度合、つまり、価値観も判断基準も異なる人々が一堂に会して交流し生活しています。この混沌とした世界は、地上世界の特徴です。

というのも、宇宙＝ワンネスは秩序だっており、同じ波長、波動、エネルギー、バイブレーションの人々が同じ層に集まっているため、争いや諍《いさか》いが起きにくいのです。その境界を越えてたとえば相手の意志を無視した振る舞いをすれば、それは侵略的な行為であり、宇宙ではルール違反とみなされます。

地上では、進化度合の異なる存在たちが一堂に会し、交流し、またときに混乱、摩擦、争いを生み出します。それによって成長していくのです。そのような存在が人間であるし、そのための場が、学校としての「地上世界」なのです。魂の学校とよく呼ばれますが、まったくその通りなのです。

争いが絶えない理由

争いはなぜ起きるのかといえば、それは、人々の「意識の成長段階」によって、人生のフォーカス、価値観、大事なこと、欲求、優先順位（生命、安全、利潤、競争、搾取など、何を優先するか）が異なるからです（この進化の段階については次の章で説明します）。

本質的には皆一つの源から生まれ出でたワンネスの断片であり、それゆえ本来は互いが互いの一部。分離・分化して、さまざまな時代や地域に転生を繰り返し、あらゆる人間経験を経て、人間として霊的にも成長・円熟していく。段階は異なれど、地上という学校で学び合う同志である、という理解が可能になるわけです。

アセンションとは意識の成長・進化

ここまで、「源」の分離の始まりから次元下降しながら地上まで降りてきて、現代の私たちの住まう地球まで、お話を進めてきました。

分離・分化してきた私たち。これを「ディセンション（次元下降）」と呼びます。底を打ったといえる現代は、今度は「アセンション（次元上昇）」のプロセスに入っているのです。

アセンションとは、一言でいえば成長して分離を癒し、融合していくことです。これは人類同士との融合だけでなく、高次の指導的な存在との融合、高次元との融合、ついには源との最終的な融合・合一までを指す、大きな概念です。

さて、人間としてさまざまな経験を積んで成長していくと、意識の振動＝波動が上がり、より高次元の意識へと融合していくことができます。上昇・融合しながら最終的には源と一つになる（ワンネス・一体性）のです。この成長・進化プロセスが「アセンション（次元上昇）」です。一言でいうと「意識の成長・進化」といえます。

ディセンションとアセンションの旅を一言でまとめると、「一つの源から分離・下降して創造され、発展したものが、今度は上昇しながら融合・統合を果たし、源へと回帰して一つになる（合一）」。それがワンネスへの帰還、アセンションなのです。

「アセンション症候群」から脱して真の上昇を目指す

私たち人類は、霊的進化・次元上昇の道のり「アセンション」の途上にいます。

ところで、よくある誤解として、「選ばれし特別な民だけが宇宙船に乗せてもらえて救われる」というものがあります。アセンションのプロセスでは選ばれし者が船に乗るのではないし、他は置いてきぼりになるのでもありません。

アセンションの道のりは分離ではなく融合ですから「私はあなたと違う」ではありません。このように恐怖を煽ることを、「アセンション・シンドローム」あるいは「アセンション・ビジネス」と私は呼んでいます。これは生存競争や恐怖をベースにして人を操作しやすくさせる発想です。注射を打たないと大変なことになるぞ、というのと同じです。

選民意識や優越意識というものは、「私とあなたは違う」「私たちだけ特別だ」「他とは違う特別な存在だ」などと分離をいっそう強め、争いを招くことになります。しかし、それらは真のアセンションではありません。ワンネスにおいて、成長・進化を拒まれる者はいないのです。

あらゆること、あらゆる存在、あらゆる現象が繰り広げられていますが、人は地上という舞台で、夫婦、親子、家族、隣人、国民、敵・味方……それぞれ異なる役柄を演じ、あらゆる体験から学び成長しています。

しかし、小さな違いはあっても、大きな上昇の道のりを歩く仲間、アセンション号に乗ってワンネスという目的地を目指している同志、いわば共に旅をしている仲間なのです。この社会は異なる価値観や違いを認めて尊重し、普遍性や共通性を理解して、調和的に共生していくことを学ぶレッスンの場です。

アセンションとは、そのように一体性へ向かって成長・進化していくことをいいます。

光も闇も一つ

さて、もう一つよくある誤解として、光と闇、あるいは高次と低次といったお話をすると「それは二元性だ！」「二元性は幻だ！」「高次も低次もない！」、あるいは「闇なんてない。あると思うことで幻を創り出しているのだ！」という声が聞かれることがあります。

ないことにしてしまうのは簡単ですが、それでは犯罪や戦争に満ちた現実世界のことも、そうした現実を生み出している意識世界のことも、うまく説明できません。それはかなり乱暴なお話ですよね。こうした見解の差はワンネスをどう理解しているか、何にフォーカスして解説するのかの違いによって生じるのです。

ワンネスはすべて。すべて一つなのに、光と闇という二つの極があるのか――。

そうなのです。まず、そのお話からしましょう。

「二つの極がある」といっても、真っ二つに白黒50対50で分かれているのではありません。光も闇も存在しますが、光は善で、闇は悪、という単純な図式でもありません。二つの極があり、間はグラデーション状になっているのです。光も闇も存在し、それでいて「ちょっと光」も「ちょっと闇」もすべて包含し、ひっくるめてのワンネスです。

陰と陽、北と南、N極とS極、上と下、＋と－と同様に、互いにこの世界を構成しており、異なる環境、異なる次元にあろうとも、一つであることに変わりはない、ということです。

ワンネスの分離と創造の図を思い出していただくと、人間社会でも、この世界を創り出している自分と他の人々とは網目のようにつながっており一つである、と理解できます。

誰かの創り出す現実は、誰かに影響を及ぼします。日本のどこかで起きている出来事は、世界のどこかへ波及します。

ここで強調しておきたいことは、闇はあるということ。闇とは、光の欠如です。叡智や輝きからもっとも遠いところ、光が届かない、届きにくいところ、ということです。

しかしそれもワンネスの一部です。闇を恐れたり、否定、否認しなくてもよい。それも一部、一体で一つなのだ、と理解することなのです。

二極の法則——グラデーションの世界で生きる意味を学ぶ

「道教（タオイズム）」という、老子が創始した教えがあります。そのシンボルは昔からある陰陽のマークです。見たことがある方も多いのではないでしょうか。この図は、「ワンネス」を説明するときによく用いられます。白から黒へのグラデーションではありませんが、全体を表わしています。

陰陽のマークは、ワンネスの世界を表わしているともいえる。ワンネスの世界は白黒がはっきりと分かれていないが、どちらの極も存在するために「闇→光／光→闇」への動きが生じる。

陰陽という異なる性質の極、方向・ベクトルの違いは、「力」「動き」「エネルギー」を生み出します。繰り返しが生じ、循環が生じ、静と動が生み出されていきます。異なる性質が相互に作用しながら世界は存在している。その原理を表わしているといえるでしょう。

そう捉えていくとき、この道教の陰陽のシンボルは、光も闇もあって一つ、また聖と俗なる世界も一つ、見えない世界（原因）と見える世界（結果）も一つ、といったワンネスの本質、「二極性、多様性を含み、一つでありつながっている」のと同じことを表わしているともいえます。

闇の存在を認めて働きかける

このように捉えれば、自由意志によって源から分離することが可能な世界にあっても、源から生まれ出でたものはすべてワンネスの内に在る、と理解できます。すると、世界から闇を排除しないでよい。むしろ原理であると理解して、受容できることになります。

もっとわかりやすく、人間的なたとえでお話ししますと、「お前と俺は人種も言語も住んでいる国も思想も違うんだ」と分離した状態から、「私たちは地球に住まう同じ人間で、国は違えど、この混沌とした時代を共に生きている」という意識に変わると、どうでしょうか。

もちろん、犯罪や悪事など何もかも受け入れましょう、という話ではありません。清濁の両面がある事実を踏まえて、ではなぜそうなったのかと原因を掘り下げていく。その原因が犯罪という結果を生じさせているなら、その問題の原因をどのように改善、解決できるのか。現実を認めた上で建設的な検討と行動に移りましょう、ということなのです。

たとえば子供が安全で愛情ある人間関係を体験することなく、虐待を受けるなどして成長した結果、自身も虐待を繰り返してしまうことがあります。このような「闇のように暗い行い」は存在します。

なぜか？　意識が闇に包まれて暗い状態にあるからです。

その一方で、施設に預けられ、里親が見つかり、最初は不安ながらも次第に愛情あふれる新しい両親に心を開いて、心は癒され、成長して同じような施設の子供たちをサポートする活動を始める人もいるでしょう。

これが、闇なる現実をまっすぐに捉えながら、前向きな（ポジティブな）変化を生み出す力にしていく、光を当てて現実に対処し、光へ変換していくということです。**闇は存在しないと否定するのでなく、認め、そこに取り組む。そうした働きかけなしに、闇が勝手に光に変わることはありません。地球はそういう場所ではないのです。**

何かを「する」のでなければ、何も変わらない。今の状況が続くだけでしょう。私たちは何かをなすことを通して、学び、成長するために、わざわざ転生することを選んできたのです。

ワンネス 宇宙——次元の解説

ここではワンネスの次元についてお話しします。

意識の進化段階は、次ページの図のように主に7段階に分かれており、これは7つの次元と言い換えられます。この主な7段階のなかに、さらに7つの段階があるため、7×7＝49段階ということになります。

しかし、1－1、1－2、1－3……のように、各段階を数字で表わしても少々わかりにくいですね。そのため、各段階の特徴をつかみやすくするために、〝わかりやすい一言名称〟で表わしています。たとえば「5段階」「2段階」と表記するより、「天国」や「地獄」、「菩薩界」や「鬼畜界」といった言葉にすると、意味するところが一目でわかります。

そのようなわけで、それぞれの名称は内容を理解するためのヒントに過ぎない、とご理解ください。

なぜこのようなことをお話するかというと、たまに「私の習ったところでは、○○界と呼び、名称が異なっています。どちらが正しいんですか？」「他で読んだ本には、層の名称がこう書いてあり、数もちょっと違います」などとおっしゃる方がおられるからです。

名称や語彙、言葉遣いは、内容自体の差異だけでなく、著者、教師、チャネラーなど、伝達者の個人的・文化的な背景、宗教的な影響、翻訳本なら翻訳者の好みによって異なるものです。そのため、唯一絶対の正解を決めることは不可能です。

ここで重要なことは、各段階の呼び方や段階の数の差異ではなく、各段階・次元における意識の違い、波動の変化、全体の仕組み、それがどのように現実に影響を及ぼすのかといった全体構造、仕組み、特質を

意識の進化の7段階

段階	名称	細かい段階	特徴
7	源（完全なる光）	7-1から7-7までの7段階	完全な光、一体性
6	天国	6-1から6-7までの7段階	平和、至福、自由、愛、調和
5	上層アストラル界	5-1から5-7までの7段階	優しさ、親切、善意、協働
4	中層アストラル界	4-1から4-7までの7段階	中間
3	下層アストラル界	3-1から3-7までの7段階	憎しみ、嫌悪、悪意、害
2	地獄	2-1から2-7までの7段階	殺戮、搾取、犠牲、破壊、抑圧
1	無明（完全なる闇）	1-1から1-7までの7段階	完全な闇、不活状態

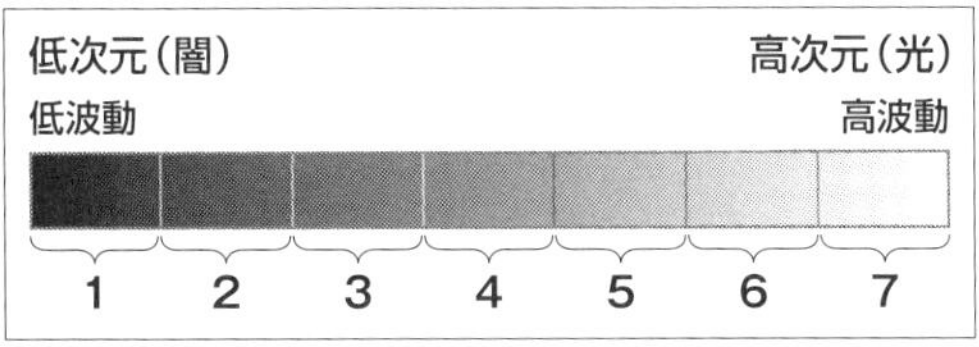

意識の階層は7つの段階に分かれている。これはワンネスの次元でもある。1の階層から7までは闇から光へと移るグラデーションの世界である。

理解することにあります。

さて意識の世界では、ポジティブであれネガティブであれ、意識にあるものがそのまま現実化します。憎しみに満ちた人々がいる次元は、憎しみに満ちた世界が現実化していきます。喜びに満ちた人々が集う次元では、喜びあふれる世界が具現化しています。

意識にあるものが瞬時にその場に現れるのが、意識の世界です。それに対し、地上の物質世界では、意識（アイデアや考え）が現実化するまで時間がかかり、タイムラグがありますが、意識に労力（エネルギー）を注ぐことでいずれ形を成し、具現化します。

1段階目：無明（完全なる闇）

この1段階目では、エネルギーが不活性状態にあります。イメージは、タールやヘドロが溜まって固まったかのような真っ黒な世界です。

これを他人の意識の状態に直して描写すると、希望が見えず、生きる気力もなく、動くことも、動かすこともできない、膠着したもっとも重い状態となります。スラム街にある家の4畳くらいの部屋に30人もの人々が横たわっていて、全員が飢えて重い病を患っており、動きたくても、動けない。動きたいと思う気力もなく、ただ息をするだけ、生存するだけの状態。そのような状況をイメージしてみてください。

2段階目：地獄

2段階目は、1段階目に比べるとエネルギーが高い状態にあり、イメージとしてはマグマがドロドロと動いている、あるいは魑魅魍魎《ちみもうりょう》がシューシューと音をたててうごめているような世界です。

人の意識状態を描写すると、密封されて圧力をかけられたような、抑圧的な強いネガティブを感じる段階です。この段階から地上に転生した場合、その意識を地上へ持ち込むため、抑圧したり、抑圧される体験や、暴力などを現実化する人生ともなり得ます。

とはいえ、膠着したような第1段階と比べると動きが出てきて、経験が増すことで変化や成長が見られ、エネルギー活性度は高くなっています。

3段階目：下層アストラル界

3段階目は、憎しみや怒りなどの感情や思考が嵐のように吹き荒れ、互いを威嚇したり、争いが絶えない段階です。この段階から地上に転生すると、その意識レベルを地上へ持ち込むため、怒りや憎しみに支配されるなど否定的な体験をします。

一方で、ネガティブな体験には貴重な学びもたくさん含まれています。たとえばゲリラ集団で戦う3段階の兵士がいるとします。その兵士が4段階の兵士と間近に過ごしたり、友を戦いで失うなどの苦しい経験をしたり、生死に関わる危機に瀕したとします。その結果、何のために生きているのかと疑問を感じたり、人生について考え始めたりすることでしょう。

このようなネガティブな体験は、よりよい人生を生きたいという動機を刺激し、成長の強いきっかけとなることがよくあります。3段階目は中間の4段階目へと移行しつつある、パワフルでインパクトの強い成長期といえます。

4段階目：中層アストラル界

その前の段階と比べて、エネルギー的により活性した状態です。1〜3段階ではネガティブな意識が全体を覆うような雰囲気だったのが、4段階ではネガティブもあればポジティブもあるといった雰囲気へ変わります。

たとえば、雨が降ったと思ったら曇りになり、時に強い雨、時に穏やかな日が差して、晴れる日もあるといったイメージです。この段階の前半は少しネガティブが多め、真ん中あたりではマイルドに、後半に至るにつれポジティビティが増えて希望が感じられます。

成長全体からするとちょうど中間の段階にあたり、成長や成功などのポジティブな体験や人生への意欲が高まる段階でもあります。

5段階目：上層アストラル界

5段階目では、軽やかなエネルギー変化と、ポジティブな活性を体験します。生命が明るく躍動する世界です。

4段階ではおぼろげであった美しさ、ポジティブさなどがはっきりと見えるようになるイメージです。

色とりどりに咲く花には蝶が舞い、空には鳥が飛んでいる。絵画や音楽に表現されるような美しくパワフルな上昇を感じる世界です。この段階では体験の多くがポジティブになります。

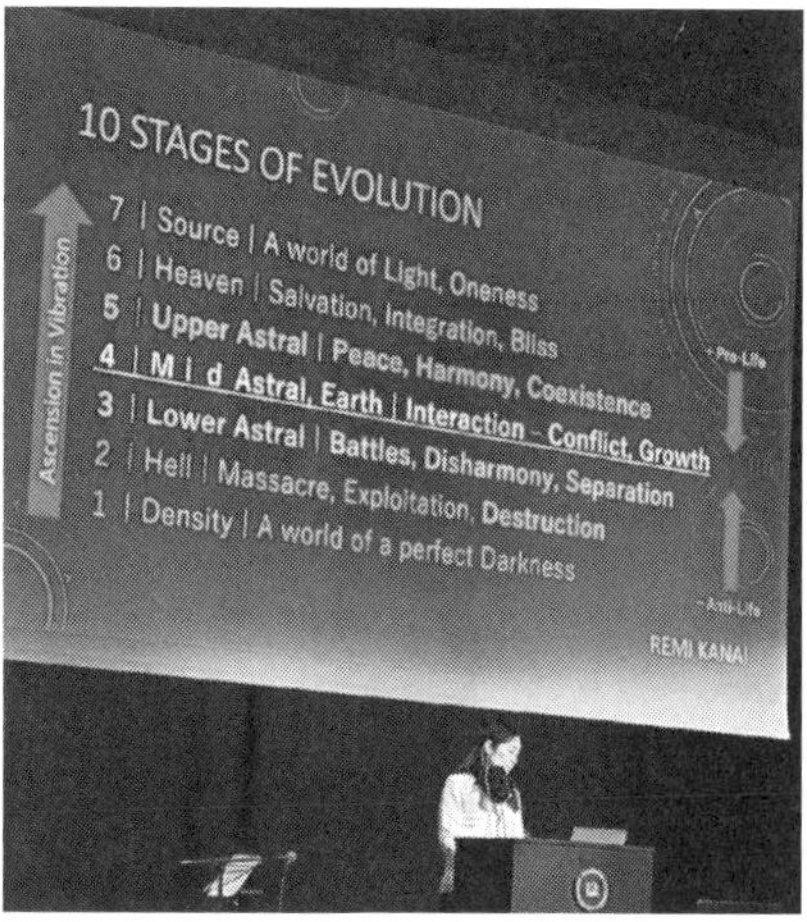

フィンランドで開催されたEXPO「知識と精神の博覧会」で「意識の進化」の段階について講義する著者。

この意識段階のスピリットは、直感力や癒しの力などを発揮して、助け合い、互いに献身したり、問題の改善や解決をはかるなど、ポジティブな人生体験を重ねていきます。他者をサポートすることを通じて喜ばれ喜ぶといった、ポジティブな循環が起きていきます。自我よりも真我を重んじ、本質的自己への変容に喜びを見出します。

愛、優しさ、協調の意識や行いがさらなる善きものを運んできます。地上における転生では、癒し、インスピレーション、よき感化を周りに与え、ポジティブな世界を具現化していきます。

6段階目：天国

6段階目では、非常に洗練されたヴァイブレーションと、平和、穏やかさ、安らぎが具現化します。5段階で見られたポジティブな世界がより美しく、より豊かに、より満ちて、活き活きとして見えます。美しく神秘的な世界が具現化され、この段階における体験は非常にポジティブで、エネルギー活性度もとても高く、洗練されています。

この段階の意識は高次の力や奇跡と呼ばれる力を発揮したり、霊的な進歩を促したり、スピリチュアルなインスピレーションや目覚めのきっかけを与えたり、感化したりします。

宇宙をどこまでも安全に感じられる高次の意識、自由、恒常的な至福と喜びの世界。生きるものすべてへの祝福のなかに住まうような意識段階です。

この段階では個性を消し去り、真我へ一致していきます。この段階の前半から中盤にかけては、人生で多くの奇跡的な出来事、スピリチュアル、インスピレーショナルなイベントを体験するでしょう。後半はワンネスにゆだね、全体へ融合し完成させる段階です。この段階から地上への転生を選ぶ存在は数多くはありませんが、激動の時代にあっては人類の霊的な変容をサポートしようと、転生を志願することもあります。

転生した場合は、意識するしないにかかわらず、非常にスピリチュアルで創造的な人生を生きることになるでしょう。

7段階目：ワンネスの世界（完全なる光）

7段階目はワンネスの世界と呼ばれ、高次意識が融合し源（全体）へと合一していく、完全なる光の世界です。

光あれば闇もある

ワンネスから分化・分離する自由と創造の力を発動し、発展し、広がりつづけてきた世界には、光と闇、高次と低次という2つの極があります。しかし、2つだけに分かれているのではありません。はっきりとした白と黒の世界ではなく、いわばグラデーションの世界なのです。

光から始まって次々と次元下降していく。完全な光と完全な闇の間は、85ページの図のようにグラデーションになっています。

地上はワンネスの学校でありラボ

これまで見てきたように、ワンネスには意識の進化段階（次元）がありますが、天上の次元と地上の次元では、環境が少々異なります。「引き寄せの法則」という言葉を聞いたことがある方も多いと思いますが、あの法則が意味するのは、〝同じ周波数帯、次元にいる人々は、互いに引き寄せ合い、集まる〟ということです。

宇宙では、地上よりもその法則が機能しており、秩序だっています。というのも、宇宙の意識世界（精神世界）は、地上の物質世界の法則に制限されることがないからです。

天上の意識世界では存在たちが同じ段階ごとに集まっています。それに対して地上では、さまざまな進化の段階にある霊魂がそれぞれ転生してくるため、混沌としています。段階が異なると、優先順位や価値基準が異なることになります。価値観がまったく違う存在が、家庭、学校、職場、地域社会に一堂に会することになるため、摩擦や争いが絶えません。

しかし、それでこそ〝学びがいがある〟ということでもあるのです。自分と同じ価値観の人ばかりが集まるところは軋轢が生じにくく、無条件の愛といった高次の意識を実践する機会もないからです。

たとえば無条件の愛が当たり前の次元では、それを試される場もないので、磨いたり鍛えたりしにくくなります。

より低い次元へ降りていけば、無条件の愛を実践するために、困難を体験しなければならないことがいくらでもあるでしょう。そうした環境下でこそ、高次の意識を実践するという課題について学ぶことができ、磨かれることができるのです。

生命エネルギーの建設的な使い方

人間の本質は霊魂であり、「成長し、進化する」ために、宇宙から地上の肉体のなかへ転生してきています。人間がいま地上で見る現実は、さまざまな段階を含む人類の集合意識が創り出しているもの。私やあなたの意識が、自らの人生、世界の現実を創り出しているのです。

ですから、私たちの意識が成長・進化することなしに、創り出される現実世界が変わることはありません。この世界を変えたいのなら、私たちの意識が変わる必要があるのです。

では、人類の意識をどう変えるのでしょう。

「たった一人が変われば、世界が変わる」

2006年から、私は東京都内で講義と瞑想の会「ワンネススタディ&メディテーション」を開催していました。毎回、高次の存在・メンターであるスピリットガイドから、さまざまなガイダンスやメッセージ、具体的な課題とワークを受け取り、誘導瞑想などもガイドからチャネリングして行っていました。ある回で、ガイドからこんなメッセージが聞こえてきたのです。

「たった一人を変えれば、世界が変わる、と言ったら？」

私は、「わぉ！ それならあまり難しくない。一人でいいなら、実現できそうだ」と思いました。その一人とは、自分自身。他の誰かや大勢の人々を変えるのはとても難しいこと。

けれど、一人ひとりが変われば、世界はまたたく間に変わります。一体性（ワンネス）が意味するものは、すべては一つの源から分かれて派生しており、それゆえつながり合い、一つであるということ。それぞれの部分（一人ひとりの意識）が全体を創っているのです。

「誰かを変えよう、世界を変えよう、変わらなければいけない」のでなく、「自分が変わる」こと。一人ひとりが変われば、その総体である集合意識も変わり、集合意識が向かいつつある（向かわせようとさせられている）方向を変えることだってできるのです。

低次元で生きると人生は制限に囚われる

低次元の意識を具体的にいえば、否定的な感情や思考に囚われた状態となります。恐れ、不安、怒り、悲しみ、憎しみ、疑念、絶望、混乱……といったネガティブな意識が生み出すものは、結果としてネガティブな現実です。

低次元とはつまり、そうしたネガティブな感情や思考、それが生み出す世界によって支配されているということになり、自分の自由が利く範囲が非常に狭く、制限された不自由な状態であるということです。

例として、紛争地域に生まれた少年マイロの物語をお話ししましょう。

少年マイロの物語

生まれたのは砂漠で、水は水源まで3キロ歩いて取りにいかなければならず、地域では戦争が続いている。建物には銃痕が多数残っており、爆撃によって壁や柱は崩れ、砂とがれきばかり。幼い頃から遊ぶ場所は少なく、がれきのかけらや銃弾を拾って的当てゲームをしたりした。学校はなく、少年たちは早くから訓練兵となってより多く敵を殺すよう訓練されていく。自分が認められるにはより多くの敵をより効率的に殺すこと。より多く殺したものが、賞賛、褒美、地位を得る。殺されたら、もっと殺せ。多くを失ったら多くを奪え。毎日がその繰り返し。

成長して青年になると、一緒に育った親友が少し離れた村に住む少女に出会い、恋をした。兵士をやめ、その少女と結婚し、彼女の住む村で農業を営んで暮らすことになる。親友を失ったマイロはいっそう訓練に打ち込み、来る日も来る日も狙撃の練習や実戦へ。紛争が多く起きているエリアへ志願し出かけていく。幸せそうな親友の姿をときおり思い出すと、寂しさを感じる。けれど、どうすればこのむなしさを埋められるのかわからない。いらだちとあきらめが心を覆い、生きる意味が見出せない彼は、次第に無気力になっていく。自分がこの世に生を受けた意味は？

あるとき、別の地域から青年がやってきた。その地域では皆で井戸を掘るという。水が手に入るようになると生活が安定・向上し、住民がわずかながら自力で食料を作れるようになっていった。井戸があれば遠くまで水を取りにいかなくてもいい。マイロの村では、女性や少女たちが水と引き換えに暴行を受けることも日常的に起きている。青年の話を聞いたマイロは、はじめてひらめきを感じた。何よりもやるべきことだ。マイロは周りの少年、大人たちに呼びかけた。ときにあざけられ、蹴られたりしながらも、仲間を集めていく。水を手に入れるんだ。青年たちと共に困難がありながらも井戸を掘り、水が得られるようになる。マイロはこれまで受けたことのない、達成感、喜び、人々からの感謝などの褒美を受け取った。マイロは、はじめて笑った。

けれど、紛争は終わらない。

あるとき青年が、井戸の周りで水を汲んでいた子供たちに井戸から離れるよう伝えにいったところ、空爆によって命を落とす。マイロはいままで感じたことのないショックで茫然自失となる。突然奪われた青年の命。井戸を作ったことも重要な体験だったが、それ以上にマイロにとって青年は心の拠りどころであり、生きる意味を教えてくれた存在であったことに気づく。

けれど、彼はかえってこない。マイロははじめて泣いた。命の尊さに気づいたのだ。いままで命を奪った相手は、誰かの親、誰かの子供、誰かの心の支え、大切な人であったかもしれない。命を奪うのでなく、命を守りたい。大切なものを守るために、強くなりたい。

マイロの人生は、いま絶望と虚無の世界から脱し、上昇を始める。紛争地域の警備や停戦の交渉をする団体機関を探しあて、そこで自分の人生をかけて地域の平和を目指すことを決意する。

やがてそこで、活動を手伝う一人の外国人女性に出会う。結婚し、子供が生まれた。彼の平和への奮闘は、絶望から始まったが、愛する家族や大切な人々の暮らしを向上したいという希望へと、昇華したのだ。

いかがでしたか。

低次の意識段階は、ネガティブな感情や思考が嵐となって現実化するような世界です。けれどマイロの人生を通して見たように、そこでしかできない貴重な学びもあります。低次の段階も、成長のプロセスの一環であり、そこでこそ得られる成長・進化のテーマがあり、大切なレッスンがあるのです。

誰も、成長を拒まれていない。すべての存在は成長・進化の途上にあり、各段階の成長・進化が、全体の成長・進化へとつながっているのです。

ワンネス意識においては、低次の段階を責めたり排除しようとはしません。無批判にすべてに目をつむる態度でもありません。

むしろ、いかなるジャッジもせずに、ワンネスの視点から、その出来事や道のりがどのように個人の成長を促し、またそれが全体へとどう関わり、寄与するのか、その内容を捉えます。善悪ではない、ワンネスにジャッジはない、というのはこういうことです。

どのような段階にも、どんな命にも、出来事にも、意味があり、学びがあります。それらを平らに、多角的に、多次元的に観察していくのがワンネスの視点であり、ワンネス的な捉え方ということなのです。

高次元で生きると人生は自由になる

高次元は、安らぎ、穏やかさ、安心、喜び、楽しみ、愛、真実、自由……などポジティビティにあふれる世界です。こうした意識が生み出すものは、ポジティブな現実です。低次の次元とは雰囲気がずいぶん異なり、制限が取り払われて、広々と心地よく、暖かで明るく自由な世界が現実化しています。

仏教でよく引用される「三尺三寸箸」というお話をご存じですか？　ここに出てくる天国と地獄の様子が、高次の世界と低次の世界をわかりやすく現していて、私はこのお話が大好きです。

「三尺三寸の箸」が教えてくれるもの

昔々、ある旅人が地獄と天国を訪ねる冒険に出かけました。まず彼が訪れたのは地獄で、ちょうど昼時に到着しました。

そこで目にしたのは、痩せ細った罪人たちが長い食事のテーブルに列をなしている光景でした。テーブルには豪華な食べ物がふんだんに並べられていて、罪人たちの手には異様に長い箸が握られていました。それは1メートルを超える長さで、彼らはその箸を使って食事を口に運ぼうとしているのですが、うまくいきませんでした。いらだちや怒りが高まり、隣の人の食べ物を奪い合う激しい争いが始まっていました。

次に、旅人は天国へと足を運びました。そこでは夕食の時間で、天国の住人たちが食卓を囲んで和やかに座っていました。こちらの食事も豪華で、彼らは健康的で輝く肌をしていました。

ここでも彼らは地獄と同じように非常に長い、1メートルを超える長さの箸を持っていました。旅人が疑問に思っていると、夕食が始まり、すぐにその理由が明らかになりました。天国の人々は長い箸で食事をつまみ、向かいの人に「どうぞ」と差し出して食べさせていたのです。そして相手も笑顔で「感謝します。次は私の番ですね。私が食べさせてあげましょう」と言い、お互いに食事を分け合い、和やかな時間が過ぎていったのです。

この光景を目の当たりにした旅人は、「なるほど、天国の人々は心遣いが違うのだ」と感心しました。
地獄では自分本位の行動が争いを引き起こし、天国ではお互いへの思いやりと協力が幸せをもたらしているのです。この経験から、旅人は他人への配慮と協力の重要性を学んだのでした。

天国と地獄では、起きていることは同じように見えますが、そこにいる人々の態度、言動がまったく異なります。意識の違いによって、創り出される現実がそれだけ異なるのですね。

この短い「三尺三寸箸」の物語が教えてくれるように、私たち人類の世界は「人」で成り立っています。その「人々」が形成する「社会、共同体」のなかで、私たちは生きています。ここに霊魂の、意識の成長・課題があるのですね。転生はその成長をするためのシステムであるのです。

ワンネスの視点では現代社会も豊かな世界

世界の天候が急に変化したり、災害が起きたりして電気が使えなくなったら、山で暮らせる人がリーダーシップを発揮するかもしれません。建築を学んだ人や大工さんは倒れない小屋を作るとか環境を整えることにリーダーシップを発揮するでしょう。農耕や漁業の専門家は食べ物を作り出したり、得ることにリーダーシップを発揮するでしょう。

人を笑わせたり、心を慰めたり、癒したり、希望を与えることのできる話の上手な人や、歌の上手な人、楽器の上手な人、踊りが上手な人もいるでしょう。お医者さんや救命士、看護に長けた方もいるでしょうし、人の教育に手腕を発揮する人もいるでしょう。

辛い時期や困難を乗り越えてきた経験があるのなら、同じような思いをしている人を理解し、助けたり励ますこともできます。

人はお金や物だけでなく、愛や思いやり、知恵、情熱、才能、経験、スキルなど、さまざまな資質を自由に分かち合うことができます。

そのように見ると、とても豊かだと思いませんか。あらゆるものが恩恵であり、一人ひとりが世界に何かを与えることができる。宇宙は必要なものを与えてくれている。どんな経験も、自分に何かを教えてくれている。

「ありがたい」と感じていまを大切に過ごすなら、ワンネスの尽きない豊かさと安心とサポートのなかで生きることができます。

豊かさで満たされた高次元の世界

私たちがそれを必要とするとき、内なるチャネルを通して、高次のサポートやガイダンスを受け取ることができます。するとスピリチュアルな感覚やインスピレーションを頼りに、冒険の旅、航海を楽しむことができるのです。

嵐が来たのなら、それまでの学びや経験、スキルを活かして対処する新たな方法を学び、好ましい状況を引き出すチャンスです。周りを見渡せばあなたが知らない経験をもつ存在、あなたが必要としている知識や才能をもつバラエティ豊かな存在がいて、知恵や力を貸してくれるかもしれません。

あなたも自分にできることを提供し、互いに力を発揮して、その状況から共に学び成長することができます。どのような状況からも、好ましい現実を生み出すポジティブなパワーを発動できるのです。

高次の次元では「恐れ」「不信や不安」などがないため、本質の自己のヴァイブレーションは、豊かさに満たされた穏やかな波長となります。

この波長が、さらにさまざまな豊かさと共鳴し、実際にそのような現実を引き寄せることになります。

肉体・感情・思考がますます癒され、霊性が磨かれ、感謝が深まり、自他への尊重や宇宙への信頼が深まります。それにより、さらに洗練された高次の世界へのつながりが強化されます。

愛やインスピレーションが豊かに降り注ぎ、望ましい世界が次々と創造され、さらに豊かな循環を生み出していくのです。

人は、自身が望み求めるものを得るといわれます。ですから、あなたのスピリットが本当に望んでいるのが何かを知ること、本当に望んでいることが実現するのを阻む、怖れや葛藤を手放すこと、そして、実際に高次の自己——スピリットを信頼して行動することが、豊かさの実現にはとても大切です。

人類の意識に起きている変化

箱の上に、きれいな砂が乗っているところを想像してください。その箱の内側から規則的な高周波の音を発生させ、箱の内部の空気を振動させます。振動は箱に伝わり、箱の上に乗っている砂を震えさせます。砂の粒は、箱の表面で飛び跳ねるもの、飛び跳ねながら少しずつ動いていくもの、他の砂粒に押されて表面をすべるようにわずかずつ移動していくものもあるでしょう。

いずれにしろその高周波の音、振動は、箱の表面にある砂粒を動かしていきます。ランダムに散らばっていた砂は、しばらくすると綺麗に整列し、新しい形を構成することがわかるでしょう。

現代のように、地震をはじめとする天災、戦争など、さまざまな出来事が起きるとき、私たちの意識と肉体は大きなショックを受けます。ある意味では、そのショックによる振動によって、固定化していた状態が揺り動かされ、不要なもの、古いもの、機能しなくなったものがシステムから振り出されるという現象が起きているといえます。

この振動（ヴァイブレーション）が及ぼす影響を、透視能力者（クレアボヤント）の視点から、ビジョンで見てみましょう。私は科学者ではありませんので、科学的な知識からこのお話をすることはできません。高次の存在からビジョンで見せてもらった映像を、知っている言葉を使って、説明していきます。

箱の上の砂粒

物理的な地球に高いヴァイブレーションが降り注ぐとき、地球が分子レベルで揺らされるのが見えます。このとき、地球の土壌の表面に存在する、生命体、水、地殻、内部に還流するマグマ、生成された巨大な水晶の核など、この惑星に「存在するものすべて」が高いヴァイブレーションに晒され、揺らされ、その影響を受けます。

すると、「あらゆることがどこにいても起こりうる」のだろうという感覚がしてきます。地殻が、水が、生きるものが揺らされるとき、その揺さぶりは刺激となって、さまざまな変動が起こります。

箱の上に砂を乗せ、そこに微弱な振動を加えていくと、砂はほんの少しずつ動きます。その微弱な振動が始まる前と終わった後では、まったく異なった場所に砂粒が移動していることでしょう。傍目には先ほどと変わらない「砂粒の集合体」に見えていても、実際にはすべての砂粒が移動し、つまり根本的な変化を体験して、新しい配置へと入れ替わっていることがわかります。

微弱なヴァイブレーションが世界を動かす

この振動が地球全体に及んでいるところをイメージしてみましょう。宇宙にはたくさんのエネルギー、たとえば宇宙線や放射線などが飛びかっています。目に見えない太陽フレアの活動などが活発になれば、そうしたエネルギーは地上の大気、生命、地殻、水に影響を及ぼすでしょう。

地殻の移動、気候の変動、潮流の変化などが起きて、それが地震、噴火などにつながることが思い描けるでしょう。

では、このエネルギーの影響が人間個人や集団に及ぶと、どんなことが起きるでしょうか。

人々の内面で地震が起き、前提としていた価値観や考え方が揺り動かされ、噴火します。

鬱積したり、停滞していたものが噴き出して、黒鉛や灰が周囲を覆って暗くなります。感情が暴走し、怒りや悲しみがあふれてコントロール不能な状態になれば、結果として、事件や事故が起きるかもしれません。

このようにしてパラダイム（思考の枠組み）やライフスタイルの転換、システムの大きな変革などが、うねるようにして起こりうる、ということです。

はじめはさざなみや砂粒程度の小さな変化だったものが、次第に増幅してうねるような大波や大きな波動となっていくのです。さまざまな自然発生的なデモやムーブメントなども、自然の営みと同じく、人々の間に沸き起こっていくものです。

自然な状態では、地球も人も、バランスがとれて調和した状態にあります。

けれど、本来の姿ではないとか、ストレスがかかっていたりするとバランスが崩れ、不調和な状態になります。停滞や鬱積したものが排出されると、いっとき苦痛を伴うかもしれませんが、やがて本来の調和した状態を取り戻していきます。

カオス（混沌）を通り抜けて揺らされ、動かされたすべてのエネルギーは、本来あるべきところに還り、新たな秩序のもとに整合する必要があるということなのでしょう。宇宙は混沌から生まれ、**さまざまな動乱の時期は変革の前段階でもあります。新たな整列が行**

われる前、われわれは再びその混沌を体験することになるのでしょう。これは死と再生、創造と破壊の普遍的なパターンといえます。

人類の歴史を眺め、霊性の進化を導いてきたスピリットガイドはこう言います。

「幸いにして、世界にはこういった変化が起きていることを少なくとも認識している人たちがおり、また幸いなことに、その変化を受け入れて準備してきた人たちがおり、さらに幸いなことに、その変化のさなかにあって手を差し伸べ、助け合うことができる大勢の人たちがいる。多くのスピリットが長い時間をかけて準備し、経験し、学んできたことをいかに適用し、この転生を学び多き、実り豊かなものにするか。壮大なチャレンジに嬉々として取り組み、この精神の変革期をどのように偉大で栄光ある時代とするか。後世より振り返れば、いまという時代は人類の歴史における大転換期であるといえる。あなたがたはそのために準備されてきた、いわば変革の申し子なのだ」

人類の霊的進化を促す使命を携えて転生した人々

霊性探究の道が苦行や荒行である必要はありません。偏見や思い込みに囚われない、中立的でオープンなマインドや態度は、探究の道をより歩きやすく、驚きや喜びに満ちたものにしてくれます。

人類の意識、霊性の進化・向上、そうして至る源との合一とは、あらゆる存在にとっての究極の目的です。アセンションとは人類の意識が進化・上昇し、すべての存在が究極的に一つであるところへと向かう、融合と帰還の旅路です。私たちは、「転生を通じて霊的に進化し続ける永遠の旅人」なのです。

しかし、単に彷徨しているわけではありません。目的地はワンネス。小さなせせらぎがやがて大きな河へ合流するように、多様性を受容しながら一つであるところの意識へ向かって上昇しています。

転生を通じて進化し続けるスピリットは、死ぬことがありません。肉体は、転生ごとに異なるレッスンや課題を学んだり、異なる目的を果たすために一時的に滞在する神殿のようなもの。神殿が朽ち、肉体は滅びても、スピリットとしての私たちが滅びることはありません。であるから、「人は死なない」のです。

私たちは、人間としての学びをまっとうして意識の進化を達成するまで、幾多の転生を経て、永遠に進化し続ける、霊的に不死の存在なのです。

個々人がスピリチュアリティ（霊性）にどの程度自覚的にフォーカスした人生を送るかは、各々の計画やサイクルによっても変化します。しかし、たとえ無意識的にであっても、スピリットはその深奥で、その転生経験のすべてから学びを得ています。

より大きな視点から見れば、いっとき退化、失敗、否定性を通して学んでいるとしても、霊的な成長という意味では常に「成功」しているということができます。

全体もそのように成長しているので、「All is Well」（悟りや神の視点として言及される〝すべてはよい〟の状態、あきらめではない受容）といえるのです。

「ワンネス意識」に目覚めることは人類の課題

あらゆることは、私たちが経験を通して進化・成長を遂げるための選択です。私たち一人ひとりもまた一つひとつの選択の結果であり、あらゆる経験の集積であり、叡智の宝庫です。それが「真の自己」たる「スピリット」、つまりそれが「私」であり「あなた」なのです。これはすべての人に共通の普遍的な真実です。

私たちが「スピリチュアルに生きる」とき、その選択は職業活動に限定されるものではありません。職業とは地上で得られる人間経験の一つであり、経験からさまざまな課題を学び、霊的に成長するための一側面に過ぎません。

一人ひとりの存在は、地上での一転生の一側面よりはるかに大きいのです。そしてスピリチュアリティ（霊性）とは、人生（一転生）よりはるかに大きなものです。

一人ひとりの内なる争いや戦いが癒されるとき、人類全体に重くのしかかる苦痛と葛藤の一端が癒されます。「一つ」であるところのワンネスから孤立した存在など、どこにもいないからです。そのつながりに目覚め、どの「一断片（存在）」も全体から無縁であり得ないこと、そして「一断片」も欠くべからざる全体の一部であることを理解する必要があります。

だからこそ、私たち一人ひとりが癒され、満たされ、内側から変化するとき、世界の一端もまた癒され、満たされ、変化することが可能となるのです。

究極的に「一つ」であるところの「ワンネス意識」へと、人類の意識が開き、霊性が進化・成長することは、個人の幸せのみならず人類全体の課題であり、地球全体の未来に関わる大事です。

第3章

進化の段階と霊的覚醒

魂の年齢を知ると、世界の謎が解ける

私は幼い頃からずっと不思議に思ってきました。なぜ戦争が起きるのだろう。なぜ人を踏みにじる人がいるのだろう。なぜ命を大切にしないのだろう。なぜ人に危害を与えたり、搾取したり、私たちの大切な住処である地球を壊すようなことをする人がいるのだろう。

あなたも、なぜそうなのだろう、自分にできることはないのだろうか、と思ったことがあるのではないでしょうか。

以前の私は、この世界に起きている出来事をどう考えればよいのかわからず怒り、悲しみ、落胆し、悶々としていました。この本を手に取ってくださった方は、ほぼ100%、同じような経験をおもちではないかと思います。あるいは今現在そのような心境のなかにいらっしゃる方も多いのではないでしょうか。

そうであれば、この章はまさしくあなたのような方のために書かれています。ここではワンネスの幅広い知識のうち、一つの枠組みである「魂の年齢」を用いて、なぜそのような社会の問題が起きるのか、人間社会の謎を紐解いてみましょう。

この章を読んだあと、あなたの苦しみ、痛み、悲しみ、葛藤が癒され、「なぜこうなのか」といった怒りや悲しみの呪縛から心が解放され、世界がより明晰に見えてくることを願いながらお話を進めていきます。

魂にも年齢がある

人の成長においては、誕生して1年、2年、3年……と年月が経つと共に発達が目に見えてわかります。「おぎゃあ」と生まれた赤ちゃんが這《は》えるようになり、立てるようになり、歩けるようになり、やがて小学校生、中学校生、高校生になり、段階を追って身体的、精神的、社会的な成長を遂げていきます。

いっぽう、霊的な人間という視点から見ると、魂の成長には段階があり、その段階ごとに成長のテーマが異なります。

肉体の年齢が地球時間の1年ごとに年を重ねていき100歳程度で終わるのに対して、魂の年齢は転生を繰り返しながら徐々に成長・進化を遂げていきます。そして地球にはさまざまな魂の年齢の存在が、さまざまなタイミングで転生してくることになります。

そうすると、地上では「親のほうが若い魂、子供のほうが古い魂」であるとか、「若者の魂が老齢で、高齢者の魂が青年」といった逆転現象も起こり得ます。

魂が幼いうちは転生経験も少なく、成長のテーマもきわめてシンプルです。人の成長と同様、肉体のなかに生きるといった初歩的な課題から始まります。人として生きた経験がほとんどない幼い魂が、複雑で抽象的なテーマにいきなり取り組むことはありません。魂も、生まれ、人として生き、死を迎え、転生を重ねるなかで経験を積んで成長し、その年齢も上昇していくのです。

また、各年齢の始まりは、その前段階の年齢と近く似ており、年齢の中盤で、その年齢らしさをもっとも発揮し、後半にいくにしたがって次段階へ近づいていきます。

では、具体的な魂の年齢のチャートを見てみましょう。それぞれの年代ではどんな成長のテーマがあるのでしょうか。

【意識の進化段階・魂の年齢】

第1段階：幼児　地上で生きる練習〈転生・成長サイクルの始点〉
第2段階：若年　集団・規範のなかで生きる
第3段階：青年　限界を試す、自我の追求

第4段階：成熟　自己重要性（自我）の確立・物質的成功〈中間地点〉
第5段階：老年　自己重要性（自我）の消去・精神的成長
第6段階：長老　統合・一体性・帰還準備
第7段階：オーバーソウル　肉体化しないことも多い〈転生・成長サイクルの終点〉

魂の成長段階はまず大きく7段階あり、そのなかがさらに7段階に分かれています。7×7で49段階の成長の階段を上って、霊的により洗練されていくのです。

転生回数を重ねると「経験が多い」ということになるかもしれませんが、個々の成長と経験のプロセスは異なり、一つの転生のなかでどれだけの経験を積むかもそれぞれに異なります。そのため、単純に回数で評価できるものではありません。回数というよりは質、つまり内容によって評価されるものです。よって転生経験の多寡にこだわったり、転生の回数を他者と比較したりすることには、たいして意味がありません。

魂はいくつもの「転生」を繰り返しながら人間としての経験を積み、若い魂から古い魂へ、長い時間をかけて成熟・進化・成長していきます。段階ごとに成長のテーマが異なるため、人生において何を大切にするか、何を目的とするかなどの「価値観」が異なることになります。

社会のなかではこの価値観の違いが、摩擦、軋轢、衝突、問題を生み出しますが、それはさらに問題を解決しようとする力も生じさせます。このように異なる段階が交流することで、それぞれの段階における成長が促されます。

本人たちは無自覚であっても、互いが成長のための刺激やきっかけ、課題を与える役割を担っています。全体視点（ワンネス視点）から見ると、異なる段階、カリキュラムをもつ多様な人々が地上という世界で出会い、交じり合い、レッスンを学びながら、全体として共に成長していく。これが、地球が学校であるといわれる理由です。

それでは、魂の年齢が異なることによって、人生における価値観、テーマはどのように異なるのでしょうか。どの年齢についてもいえることですが、年齢の古い・若いは、善い・悪いではなく、経験の多寡、それによる意識の進化段階の違い（未熟さや老練さ）を意味します。では、次項から詳しく見ていきましょう。

第1段階　幼児の魂・地上で生きる基礎練習

「幼児の魂」が転生する目的は、主に「地上で肉体のなかに生きることを学ぶ」ためです。最初の段階のため、「いかに生きるか」という複雑なテーマにはまだ取り組みません。また、教育的、文化的、経験的な判断も身につける前の段階です。そのため、人生における体験は非常にシンプル、あるいは原始的です。

寝て、起きて、食べて、働いて、寝る。家族が増える。狩りをする。あるいは木の実を採る。煮炊きをする。踊る。体の強さを試す。戦う。天候に左右される。体の機能を試し生きることを学ぶため、肉体を酷使する他はない環境を選ぶなど。

最初はごくシンプルに学びの範囲を「肉体のなかで生存する」に絞ることで、このテーマをよく学ぶことができるのです。

【他者との関わり】

他者との関わりは家族や部族のみに限定される傾向があります。一緒に暮らす、競う、戦う、などです。複雑な感情や関係性といったテーマは、まだ大きくは現れてきません。

【「幼児の魂」を学び終えると】

肉体のなかで生存するという「幼児」の転生を幾度も経て、魂は「地上で肉体のうちに生存する」というレッスンをさまざまなバリエーションで学んでいきます。

なかには短命の転生も、長命の転生もあり得ます。転生を何度も繰り返し、この段階を十分学び終えると、「若年の魂」の段階へと入っていきます。

第2段階　若年の魂・規範のなかで生きる学び

「若年の魂」が体験するテーマは、主に「集団・規範のなかで生きる」ことです。一つ前の「幼児の魂」ですでに「肉体のなかで生きること」を学んできましたが、「若年の魂」の段階では、自我の拠りどころとなるのが「決まり」や「規則」となります。つまり、集団のなかで生きることを学ぶ段階ということです。

「社会で成功したい」「いかに生きるか」といった複雑なテーマにはまだ取り組みませんが、宗教、民族、文化、組織など「集団」に属し、その集団の「規範」など生きるための拠りどころを必要とし、同じ群れ、同じ規範、同じ価値観をもつ集団のなかで生きる体験をします。

一番はじめの「幼児の魂」よりも文化的、教育的、構造的になりますが、ものの見方や考え方はまだ限られていて、自由にできる範囲はさほどありません。体験の範囲を「規範と群れのなかに生きる」ことに限ることで、基本となる「人間として集団のなかで生きる」

というテーマをよりよく学ぶことができるのです。

「若年の魂」として幾度もこの段階の転生をさまざまなバリエーションで経験することで、学んでいきます。たとえば、非常に厳しい戒律をもつ宗教、あるいは極端に自由が制限された国、厳密な社会階級やカーストをもつ地域、しきたりや絶対的な家訓をもつ家などといった集団のなかで、従属する転生、静かに淡々と生きる転生、奪われることを経験する転生などを経験します。

そうしてこの段階における学びを完了していくのです。ちょうど子供が学校に入り、社会や地域のルールを学びながら成長していくように。新しく何かを習い始めると最初に「型」を学ぶように。

【他者との関わり】

「若年の魂」は、第1段階の「幼児の魂」に比べると周りの人々と関わりをもち始めますが、それは「生きていく上で必要とする範囲」に限定される傾向があります。

その集団のもつ規範、ルール、規律、価値観を拠りどころにして生きるということは、「堅い守り」がある一方で、その「堅い守りの外」に出ることはタブーとなります。

「排除される」「村八分にされる」という罰を恐れるからこそ、「その内側に所属していれば安全。だから外へ出るなんて考えないでおこう」という抑止力が働くわけです。

同じ信念や規範、厳しい戒律をもつ組織のなかにいれば安全ということは、翻《ひるがえ》って、その外に出ると安全が担保されない、ということになります。狭量で不自由ではありますが、その枠組みを人生の軸として、「集団のなかで生きる」ことを学んでいる段階というわけです。子供はまだ経験が少ないので、親の目の届く範囲、決まった時間と行動の範囲に限られる、ということと似ていますね。

【「若年の魂」を学び終えると】

転生を何度も繰り返しながら、「若年の魂」として規範のなかに生きることを学び終えると、今度はその規範の範囲を試すような、独自性の学びに入っていきます。それが第3段階の「青年の魂(成人の魂)」です。そこは「規範の範囲・限界を試す」というテーマであるため、ときにニュースや事件になるような事柄が起きることもあります。

第3段階 青年の魂・集団から離れ自我を追求する

「青年の魂」が体験するテーマは、主に「限界を試し、自我を追求する」ことです。

一つ前の「若年の魂」では「集団・規範のなかで生きること」を学んできました。魂の年齢の視点からすると、とある国の人々の多くはこの「若年の段階」を学んでいて、元首が決めた厳しいルールにしたがって生きています。しかし、そこから逃げ出す少数の人々もいます。

「青年の魂」の段階では、集団から離れ「個」を追求する人々が出てきます。宗教、民族、文化、組織などの規範から外れ、群れから外れ、個として自我を追求する方向へ力を試してゆきます。それまで枠のなかで生きることを学んできた魂は、今度は限界や境界線を突破することに取り組むのです。

某国の元首は「青年の魂」の持ち主!?

世界には「青年の魂」の典型と見受けられる国家元首がいます。「青年の魂」は集団から離れ、個として制限を超えて探究したい、集団とは異なる存在でいたい、社会の枠やルールに縛られずマイルールを通したい、といった動機をもっています。

国家の元首ですから、その集団である「国際社会のルールから逸脱し、制限なく自分の思い通りにしたい、試したい。世界に自分の存在を知らしめたい」といった願望が見受けられます。この段階の特徴である「限界を試し、逸脱する」を体現しているように思われます。

そして、その国の国民の多くが一つ前の「若年の魂（第2段階）」であり、リーダーの決めたルールに沿って暮らしているのでしょう。つまり、集団を離れ自我を追求する「青年の魂」のリーダに率いられた、規範のなかで生きる「若年の魂」の人々の集団の国ということになります。

時折、少数ですがその集団からの「脱出」を図る人々もいます。集団から離れ、個として選択する、リーダーと同じく「青年の魂」の人々でしょう。

脱出した人々は、「若年の魂」の集団（つまり多数の国民）からは「集団から逸脱した罪人」と見られるかもしれません。けれど、魂の段階ごとのテーマを学ぶため、あえてそのような国を選んで生まれる……という選択もあるのです。

　ここでは国という大きな例を挙げましたが、もっと身近な家庭や地域などを見渡してみましょう。束縛の強い集団から飛び出し、まったく異なる生き方をする、同じ価値観を共有するグループや組織から離れて個を追求する……などの人生のテーマを生きている人が見つかるのではないでしょうか。学び方には、さまざまなバリエーションが存在します。

【他者との関わり】

「青年の魂」の人間関係の傾向は、他者と共に調和的に生きるといったところからはまだ遠いといえます。集団から離れて自分という存在を確認する傾向があるため、人とは違う、相いれない、疎外されているという感覚を抱いたり、周りの人に対して敵愾心《てきがいしん》を抱いたり、つまらない人々と断じやすい傾向もあるでしょう。

　けれど、特異な存在として互いに認め合える相手とは、つきあう傾向が強くなります。常に枠の外へ出ようとする「青年の魂」の段階の人々にとって、異なることや異端であること、はみ出すことはクールであり、価値のあることです。枠から飛び出したい願望があるため、奇抜なライフスタイルや表現などで人を驚かせることもあるでしょう。

　年齢や職業ではありませんが、たとえば奇抜なファッションの人や、世間をスキャンダルで賑わせるアーティスト、ギャングなどをイメージしていただくとわかりやすいかもしれません。いかに他と異なり、個性的であるかが大事。そのように目されている人同士で互いを仲間と認め合う傾向があります。

そうした人のなかには、次の魂の段階の人もいることでしょう。その場合は、人とどれほど異なるかはさほど重要ではなくなり、成功、ロールモデル、憧れられる存在であることなど、自己重要性に価値を置いた学びに重心が変化してきます。

【「青年の魂」を学び終えると】

「青年の魂」を表わす特徴としては、集団や一般とは違うことが価値ということになり、周りが受け取る印象がネガティブかポジティブかはあまり関係がありません。他とは異なっていること、際立っていることに意味があり、彼らがしばしば「重要でない」とみなす多数の一般的な人々に眉をひそめられても関係ない、ということなのです。逆に自分が重要と認める存在の発言や、承認には、特別な力があります。

そうした常軌を逸した言動も、枠組みから外れる体験をすることで、「人間として確固とした基盤を築くための準備段階」となるのですね。転生を何度も繰り返して「青年の魂」として生きることを学び終えると、次の人生は、物質的成功、達成、自己の重要性を確立する段階へと入っていきます。

第4段階
成熟の魂・成功と確立——霊的進化の中間地点

ここまで魂の年齢の第1段階から第3段階までをお話ししてきました。いよいよ魂の成長段階の中間地点、第4段階「成熟の魂」に入っていきます。

目に見えない世界やスピリチュアリティに関心を寄せる多くの方々は「成熟の魂」から「老年の魂」の方々でしょう。ということは、この本を手に取ってくださったあなたは、おそらく「幼児・若年・青年の魂」の各段階を通り抜けていらしたはずということです。

そのため、前項までの解説は「もう卒業した」、あるいは「自分には当てはまらない」「共鳴・共感しない」などと感じられたことでしょう。

「成熟の魂」のメインテーマは、自己の重要性を確立することです。自己の重要性とは文字通り、自分をより重要な人物であると認識することで、たとえば、

・権力や富など物質的に成功すること

・他者に対する力や影響力をもつこと
・重要人物であると認められること
・成功者や特別な人物と目されること

などです。ＶＩＰという言葉がありますが、Very Important Person＝とても重要な人物という意味ですね。この段階の魂は、ＶＩＰやセレブリティといった、とてもわかりやすい社会的地位や富などに価値を置いています。「成熟の魂」は自己の重要性を確立するために成功を求め、個人的な達成に関する高い目標をもちます。そして強い競争意識と勝負に対する情熱をもっています。経済的利益や社会的成功に動機づけられて、豊かさにまつわるあらゆるものを追い求める傾向があります。

「成熟の魂」にとっての豊かさとは、基本的に目に見える物質次元の豊かさを指します。経済力、影響力、人気、評価、地位などです。また、地位や評価を得るために、あらゆる努力を払う傾向も見られます。

わかりやすくいうと、たとえば国の元首など政治家、ＴＶパーソナリティ、俳優、王侯貴族など、全員がそうであるとはいいませんが、いわゆるセレブリティや富豪が世界の頂点であり、「達成すべき目標」「尊敬や憧れの対象」であると見えます。

すべての「成熟した魂」の人々が転生のたびにそのような家庭や環境を選ぶわけではありませんが、誕生時の環境にかかわらず、「成功」という価値を得ることに並々ならぬ情熱と努力を注ぎます。

どの魂の段階も理解することは大切ですが、特にこの段階を理解することは、私たちにとってとても大切です。なぜなら、多くの環境汚染や資源の奪い合い、結果としての戦争は、そもそも経済的利益、既得権益層の利潤追求、エゴのぶつかり合いの末に起きるからです。この傾向は、人類の行く末、地球の行く末を左右します。これについては後ほど詳しく述べていきます。

【他者との関わり】

「成熟の魂」のテーマは「自己の重要性を確立する」ことでした。そして、この段階の魂は重要人物になるための「物質的な力や成功」を求めます。人間関係においては、注目され、人気を集めること、評価されること、尊敬されることなどを必要とします。

また、さまざまな形のパワーを求めるために、パワーを感じさせてくれる存在に惹かれていきます。たとえば経済的力のある人物や影響力のある人物、人気のある人物など。

そして、人だけでなく、流行や時流にも惹かれます。一時的であるにせよ、流行や時流には強いパワーがあります。そのパワフルな流れに乗っているとき、自身もパワフルな存在に思えるものです。だからこそ、「成熟の魂」は多数派であることができ、世の中に大きな影響を与えるパワーにもなりうるのです。

こうした特徴をもつ「成熟の魂」は、人間関係もそのパワーを中心に、ドラマチックになる傾向があります。

他者との関係性で主なものは、基本的に成功やパワフルな存在であるという目的・利益を共有する仲間か、もしくは競争相手になります。そして、何らかの会やクラブ、階級、特権的な集団に属することを好みます。そこに属していることによりパワーを感じられるからであり、どれだけパワーをもつかによってその序列も決まります。

パワーを求め、成功欲を最優先にした転生を生きている場合、人間関係は、愛、憎しみ、裏切り、栄光、すべてを失う、復活する、といったドラマに満ちる傾向があります。

ここを読んで「そういうのは疲れちゃうんだよね、穏やかに平和にいきたいよ」と思った方は、おそらく「成熟の魂」ではないでしょう。「成熟の魂」にとっては、そのドラマがあってこそ、「生きている！」と実感できるからです。海外ゴシップ誌やメディアを賑わせるお騒がせな人々の顔が、おそらく目に浮かぶのではないでしょうか。

【「成熟の魂」を学び終えると】

この第4段階は魂の進化の段階の中間地点です。「成熟の魂」を学び終えると、いよいよ自己の重要性を消去し、自己超越を目指す、進化の後半の段階に入っていきます。第5段階から第7段階は、精神世界、スピリチュアリティ探究者にとって親しみのある世界です。

第5段階 老年の魂・覚醒、上昇

第4段階「成熟の魂」までの人生の目的は、目に見える世界でいかに「自己の重要性を確立するか」、および「物質的な成功とパワー（地位、権力、人気、評価、影響力など）をもつか」に向いていていました。

しかし、「成熟の魂」の中盤から後半にかけて、目に見える世界・物質的な世界の頂点に立って一つのピークを迎えると、その学びや感じ方は少しずつ変化していきます。「自分は重要人物になった。地位を確立し、誰もが私を見上げている。私は成功し、満足した。素晴らしい人生だった」と、物質的な基準のなかでの成功を実感しています。しかし、「結局のところ、これが終着点なのか？」「これが人生のすべてなのか？」「愛とは何か？」「私とは誰か？」といった疑問が湧いてくるようになるのです。

そうして、「人が生きる目的とは、物質的な成功だけではない。奥深く探究すべき人間性というものがあるのだ」という老年の学びの世界へと移行していくのです。

一つ前の段階「成熟の魂」では、「自己の重要性を確立する」というのがテーマでした。「老年の魂」になると、「自己」や「物質的な達成」に向いていた意識は、人との関係性、幸福、心理などへと向いていきます。自己や主観を超え、周りの人々や、全体がどうであるかへと意識が拡張し、より大きな視点をもつ傾向があります。自分自身をより客観的に見る視点も開けてきます。

それらは目に見えませんし、物質ではないので数値で計れるものではありません。つまり、目に見えるものの価値（物質的な）から、目に見えない価値（非物質的・精神的な）へと関心が移っていく段階であるということです。

【他者との関わり】

「老年の魂」では、人間性を理解し、尊重し、関係性を学ぶことも大きなテーマになってきます。ですから家族、学校や職場、地域、社会など、他者との関係性という、より多彩で複雑な学びが組み込まれてきます。

自分だけが成功すればよいわけではない。自分だけが幸せになるだけではない。自分とは誰なのか。なぜ不幸せを生み出す構造があるのか。他の人々はどうなのか。自分だけでなく、他者、世界といかに関係を結ぶのか。そのなかでどのような役割を果たすのか。そうしたテーマについて問い始めるのも、この年齢の特徴です。

【「老年の魂」を学び終えると】

「老年の魂」の前半においては、その前の段階の「成熟の魂」に近いので、人間関係にはドラマチックな要素が残り、強い感情的関係性が見られるかもしれません。

しかし「老年の魂」の中期になると、目に見えない価値や世界に触れ、社会や身の周りのために奉仕をしたり、不公平さやゆがみを正そうと力を尽くしたり、自他を癒したりといった経験を数多く重ねます。

「老年」の後期では、人間関係はより客観的視点へと移行し、より穏やかに調和していきます。また、自己の重要性（エゴ）の消去をさらに遂げることにより、高次の自己・低次の自己の調和も図られていきます。

この「老年の魂」の段階における「自己の本質への回帰」と「霊的成長」は飛躍的です。

というわけで、見えない世界、精神心理、癒し、精神世界、スピリチュアリティなどの世界が身近になり始めるのも、この「老年の魂」の特徴なのです（「成熟の魂」の後期でも、見えない世界に関心をもち始めることもあります。しかし、その動機はどちらかといえば「自己の重要性を増すため」にあり、それによって「より成功したい、自己重要性を高めたい」となることもしばしばです)。

「老年の魂」を学び終えると、いよいよ転生の最終段階である「長老の魂」へと進みます。

第6段階　長老の魂・顕現と全託

「長老の魂」では、あらゆる転生から得られた「霊的成長」のそれぞれの要素が統合・集約されていきます。自身のみならず、人類の霊性にフォーカスが当たります。主要なテーマは人類の意識、霊性向上となり、伝えること、教えることに集中します。

【他者との関わり】

個人としての視点や感情に基づく問題は解消されており、個人的なこだわりや執着なども消滅していきます。人との関係性も、より客観的で観察的な視点へと移行していきます。そうして、より一層の霊性の調和・統合が進みます。

その調和・統合は、個人のレベルにとどまらず、高次の段階にある存在との調和・統合が図られ、より「一体になる」ことを学ぶことが焦点となります。それが全体（ワンネス）の意志であり、そこに個を全託することを学ぶ段階といえます。

このように「受け入れる」ことによって、「長老の魂」は全体性に「個」を「受容」「全託」することを学びます。「全託」とは、全体の意志のもとに自身の「人生＝命」を託す、ゆだねる、ということ。同時に全体——宇宙の意志を自身のものと受け入れ、その一部となることを選択するという意味です。「個の命」を「全体の命」に「託す」ということです。

こうした選択・生き方によって、さらに霊的調和・統合が図られ、高次の段階にある存在との一体性も増していきます。

全体との調和・統合が進めば進むほど、どの段階にあるどのような存在も理解できるようになり、共感・調和することができるようになります。

【「長老の魂」を学び終えると】

「長老の魂」の初期の段階では、記憶、集積、検証、観察、整理、統合が主なテーマとなります。霊性の進化にフォーカスが当たり、集中して内的作業が進む時期です。そのためより内向的に見えやすい時期です。「老年の魂」での経験や知恵や学びなど、さまざまな要素を整理・統合していきます。

中期以降は、前段階で抽出した霊的成長のエッセンスを用い、「いかに伝え、教え、導くか」が焦点となります。これらの経験により、さらに指導者として霊性の統合、成長・

進化を遂げていきます。

長老の後期においては、よりよく教え、よりよく導くことを通して、霊性の進化・統合が進みます。個の意志は、全体の意志により一層溶け込んで、高次の意識的存在との一体性はますます高まります。静かに目立たずその転生の役割を果たしていく存在もあれば、老師、イエス・キリスト、仏陀など、記録に残る導師たちも存在します。

「長老」の段階は、そうして地上における幾多の転生を「統合していく」時期でもあります。そうして「転生の終焉」に向かっていくのです。

転生のサイクルの終焉

「長老の魂」は非常に古い魂だといえます。数多くの転生経験を経て、膨大な学びを経てきた魂なのです。あらゆる立場、あらゆる状況を体験し、あらゆる艱難《かんなん》を潜り抜け、あらゆるものへの理解や慈悲を実践し、地上における人間として可能な学びを学びつくした、経験豊かな愛と叡智あふれる存在。

しかしながら、指導者やマスターとして知られた人々ばかりではなく、その多くは周りの人と愛や慰めや癒しを分かち合いながら、地上に生きることへの感謝と感動をたたえ、静かにこの地上を去ります。

転生においては、その意識は高次の自己と、そこからつながるワンネスの意識との融合が進みます。その純粋なヴァイブレーションで地上に「生きている」こと自体が奉仕であり、祝福となります。存在するだけで、その善きヴァイブレーション、光を分かち合う存在となり、周囲の目に見える人々や世界、目に見えない人々や世界に、ポジティブな影響を与えることになるのです。

当の魂は、地上における生を精一杯生き、学ぶと決めてきたこと、すると決めてきたことをやり終え、その転生を振り返ります。静かに過ぎ去った日々、一瞬一瞬を生きた記憶、その一つひとつを思い出します。美しい感動の瞬間、景色、記憶もまたよみがえり、去っていく。あふれる愛と感謝のうちに、懐かしさと、わずかに惜しむ気持ちがにじむのを感じながら……。魂は一つの大きなサイクルが完了したことを、静かに受け入れるのです。

転生の終焉。そうして、魂の段階は「オーバーソウル」へと移行します。

第7段階 オーバーソウル・ワンネス(一体性)

「オーバーソウル」はもはや年齢というカテゴリーではないので、どう訳すか思案しましたが、そのままオーバーソウルとしています。

「オーバーソウル」は、まず「魂の集合した存在」です。つまり、一つの魂ではないということ。これは想像しづらいかもしれません。なぜかといえば、私たちの肉体(脳)の知覚の習慣からすると、「一人の肉体＝一人の存在」という図式が成り立っているからです。物理的な地上の感覚からすれば当たり前のことです。

人間には物理的な肉体がありますから、容量(スペース)が問題になります。しかし、霊魂は意識でありエネルギーですから、物理的な容量は問題になりません。エネルギー的ヴァイブレーション的に調和できていれば、3人だって、10人だって100人だって同じ肉体のなかに存在できることになります。

つまり、進化が進み、「オーバーソウル」になると、一つの肉体に一つの霊魂という意識の存在ではなくなります。

「長老」の後半では、高次・低次の自己が調和しているのはもちろんのこと、高次の存在（スピリットガイド）ともより一体になります。オーバーソウルでは、その「一体性」が顕著なのです。

「オーバーソウル」になると、一人の肉体のなかに、何人もの高次の意識への進化を遂げた存在が宿る。その数多くの転生を通して、人間であることをマスターした存在たちが調和的に集合し、グループとして一人の肉体のなかに転生し、明確な使命を帯びてその生を生きる、ということです。

転生の必然性からの解放

「オーバーソウル」の段階では、転生の必然性がありません。転生をしないで、天上から地上で旅を続ける人々の「ガイド」となって手助けをしたり、宇宙全体の進化の過程を促す、さまざまな活動に従事したりします。

ここに至るまでに幾多の転生を経てきており、地上でできることを終え、転生サイクルを抜けているため、この先の「地上への転生」は「任意」になります。

そのため、地上で「オーバーソウル」に出逢うことは稀だといわれています。しかし、歴史を見れば、肉体化した「オーバーソウル」が地上の「偉大な導き手」として生きた足跡を見出すことができます。

ある者は悟りを説くために、またある者は、肉体は死を迎えても霊性は生き返る永遠の存在であることを説くために、あるいは一体性と転生の終焉を説くために、地上に数々の導き手が転生してきたわけです。

その前の「長老」の最終段階では、ほぼ地上に転生する必要性・必然性はなくなっており、「オーバーソウル」がその後転生するかどうかは、その「オーバーソウル」の選択次第です。

つまり「転生するとしても、自らの意志で」ということになります。とはいえ、その「自らの意志」は「全体の意志」に溶け込んでいますので、結局は「全体の望むこと＝自ら望むこと」になります。

彼らは、その自らの意志（全体と一体になったところの意志）によって、再び地上へ使命を帯びて転生してくるわけです。そして、その転生における使命＝その転生ですると決めてきた使命を果たします。

繰り返しますが、「オーバーソウル」の段階では転生するかどうかは（全体と一体である）自分の選択となります。しかし、たとえば世界が大転換、大混乱を迎えるような時代は特に人類の霊的意識の変容・進化を促すため、地上に転生して、目に見える存在＝人間として、手助けをしたほうがよいという判断がなされることがあります。

人類への愛、博愛から、同じ源から分かたれて生まれた仲間を援助するために、自らの「命」を「使」おうと、高次の意識的存在が集合して、地上に再び生まれることを選択するわけです。

生まれてくることそのもの（転生・存在自体）が奉仕であり、愛の現れです。その奉仕、愛を実行するために、さまざまな経験や叡智を備えた集合的な魂が「オーバーソウル」として転生すると、人々の意識の成長・進化を天上でも地上でも鼓舞し、サポートするのです。

「オーバーソウル」とワンネス意識

「オーバーソウル」は一人の肉体のなかに何人も宿った形態です。「オーバーソウル」を構成するのは、数多くの転生を通じて、高次の一体性の意識へと進化を遂げた存在です。その存在たちが融合しながら一人の人間として使命をもち、転生を生きるのです。そのような人生は、精神的・霊的な意味で強烈なものになります。
それら集合的な霊魂である「オーバーソウル」は、その使命や目的を果たすため、特定の地域、特定の時代に転生し、出会うことを約束した周りの人々の意識の進化を促しながら、人間として生きます。強烈なインスピレーションと天上との強いコミュニケーション（コンタクト）を用い、人々にインパクトを及ぼす、霊的な転生を送ることになります。

個々の霊魂は、源から分かれて、分かれて、分かれて、分かれて、分かれて……、細胞分裂のように分裂を繰り返して、存在（下降）します。今度はその「分裂」が、「融合」してリターンする（戻る）方向へ、つまり一つなる源へ融合しながら戻る（上昇）方向、つまりアセンションの最終段階へと進んでいくわけなのです。

そのような「ワンネス」の成長・進化のサイクルにあって、私たち一人ひとりが自身の葛藤を癒し、霊性を理解し、自身をその本質的霊性と調和させればさせるほど、一人ひとりの意識が進化・成長して、「波動の上昇＝洗練」が進み、すべては一体であるという「ワンネス」の意識へと調和していきます。

こうして一層、高次の存在が示す特徴や傾向を現すようになり、より強いワンネスとのつながりを通じて常にインスピレーションを受け取り、与えながら、ますます自他の成長・

進化が具現化していきます。とてもポジティブな循環ですね。

たとえば、そばにいるだけで周りの人の波動や意識が上がる。安らぎや幸福感に包まれる。浄化や癒しが起きる。奇跡的な出来事が起きる。周りにポジティブな変化が目に見えて現実化する。スピリチュアルな（霊性の）目覚めや感化が次々と起きる、などです。

お話したように「オーバーソウル」が転生することは稀で、多くはありません。しかし、このアセンションの時代、人々の意識の進化は顕著であり、それを阻もうとする力も働いています。

そのため、「オーバーソウル」をはじめとして数多くの長老、老齢の魂の人々が、この時代を選んで生まれてきています。

この上昇と進化の道が途絶えることなく、次の世代へと引き継がれていくように。

第4章

ワンネスを実践して生きるワーク

魂の輪郭を知るワーク

スピリチュアルな学びに本格的に入る以前、私はこんな疑問をもっていました。

「魂があることはわかったけれど、私の魂って一体どんなふうなのだろう。どうやって知ればいいのだろう」

ほどなくして、幼い頃からずっとそうだったように、頭のなかに答えとなるメッセージがやってきました。

「あなたの感動をたどりなさい。そうすれば、あなたの魂の輪郭がわかる」

この言葉を聞いて私の脳裏に浮かんだのは、星空と星座でした。星が点々と、人生で感動したきらきらと輝く宝石のような想い出を現している。なんて素敵なメッセージなんだろう。感動の記憶をたどると、私という魂の輪郭が浮かび上がるなんて。それが私の魂を知るきっかけなんだ……。

私が実際にここでご紹介するワークを行って思い出したのは、自然のなかで湧き上がる歓喜や至福の感覚に涙を流した神秘体験の数々でした。そうだ、私は美しい世界に触れて、感動して涙をたくさん流してきたんだ……。

それを思い出したとき、その時々の畏敬の念や、感動の感覚がよみがえってくるようでした。

それではさっそく、ワークを行ってみましょう！

❶ 子供の頃に大好きだったものやこと、景色、場面、感覚、気持ちを思い出して書き出しましょう。

（例）

・学校の裏にある原っぱで遊んだ、春の穏やかな日。高い空、ひばりのさえずり、一面のクローバー。

・家の前の緑地の芝生を刈ったあとの芝生のにおい、ふかふかの芝生。

・家の裏の桜の木の下を歩く風景。積もった雪の上を誰もいない夜に歩いたこと。

❷ 学生時代に大好きだったものやこと、景色、場面、気持ちを思い出して書き出しましょう。

（例）

・大きな木の下でくつろいだり、気づきや歓喜の体験をたくさん積み重ねたこと。

・英国航空のコックピットの広角の窓から見た、シベリア凍土と地球の景色。

・自由研究をしたり本を読んだり、好きなことをひたすら探究できた時間。

❸ 大人になってから大好きだったものやこと、景色、場面、気持ちを思い出して書き出しましょう。

（例）

・雪山や湖畔で、一人で好きなだけ瞑想して過ごしたり、周りの木や花、動物などの自然と交流する時間。

・海外のいろんな景勝地へ冒険旅行に行くこと（一人でも、娘と一緒でも）。

・日本のいろいろな景勝地へ旅すること。

❹―書き出したものを眺めて、共通点や気づいたことを、３つ書き出しましょう。

(例)

・自然、戸外、テラス、オープンエアがとにかく好き。

・自然のエネルギーと交流し、気づきを得たり、本を読んだり、探究すること（内なる旅）。

・海外や日本の景勝地を旅行すること（旅）。

❺―ペンを置いて、目をつむりましょう。❹で書き出したことを一つひとつ思い出し、記憶のなかで再現してみましょう。そして、その記憶の場面へさかのぼります。

そうした過去の場面であなたは自己の本質に触れ、とても自分らしい時間を過ごしていたのです。そして自分の波長が調う共振状態にあり、共感、感動を感じていたのでしょう。

そのとき感じていた気持ちを思い出して、できるだけ鮮やかに感じましょう。

❻―さらに自分の魂の輪郭をしっかりさせるために、以下を行ってください。

・書き出した項目や関係する写真（イラストでも、文字でもいいです）をプリントアウトしましょう。

・コルクボードの真ん中にあなたの写真（名前と顔のイラストでもいいです）を貼ります。❶でプリントアウトした写真やイラスト、文字を、その周りに円を描くようにちりばめていきましょう。これであなたの感動世界がどんな素敵な要素でできているか、一目でわかるようになりました。

・完成したコルクボードをご自身の部屋の毎日目にするところに掲げましょう。こうすることで、潜在意識に「あなたの魂の輪郭」がインプットされ、本質の自己が毎日刺激されていきますよ。

内なる声を聞き、真の自己を叶えるワーク

自己の本質を知り、それを生きるスピリチュアリティの道のりを探求していくために、何から始めればいいのだろうか？　という方に、普段からできることをお伝えします。

それはまず、自分の内側の声を聞くことです。

このワークは難しくありません。大切なことは、どれが本当の声（本心・本音）なのかに意識を向け、それを尊重した選択を重ねることです。

本当は言いたいこと。本当はやってみたいこと。本当は行ってみたいところ。自分の本当の望みにしたがって選択することを習慣づけていくと、社会のなかで抑圧してきた、行き場を失った声（望み）を取り戻せるのです。

日本では、本音や本心を表現しにくいと感じ、それらを抑えて生きることが癖になっている方が多いようです。しかし、それは本当の自分で生きていないということ。はじめは

小さな我慢と思っていたことでも積み重ねていくと、振る舞いとしての人格的な自己と本質的な自己との間に、不調和が生まれます。やがて両者が大きく乖離することとなり、心身や状況に不具合を生じる、といったことが起きてきます。

しかし、本当の声、本心に耳を傾け始めると、「本質の自己」が息を吹き返します。

小さな「選択」からでかまいません。小さな選択を積み重ねていくことで、より大きな選択ができる自分になっていけます。一つひとつは小さくても、喜びあふれる人生を実現する、大きな鍵なのです。

つねに「本音・本心」を大切にしていくと、自分らしく生きる人生になっていきます。どちらが心地よいか。どちらがより喜びを感じられるか。そのように自分を大切に選択し続けて、日々を生きることを楽しむうちに、自然と本質を生きていて、あなたは道となり、道はあなたとなるのです。

❶―「時間ができたらやりたい」と思っていることを書き出してみましょう

（例）

・植物園や美術館をゆっくりめぐる。

・温泉に行く。
・指圧を受ける。
・ストレッチする。

❷

次に、❶で書き出した項目を、1週間以内にできること、1か月以内にできること、それ以上の時間がかかることに分けます。

1週間以内にできることは、できれば今週中にでも時間を作って実行しましょう。1カ月以内にできることは、可能な限り1カ月以内に予定を入れます。予約できるものは予約しましょう。

予定したら必ず実行しましょう。もし日程を変更しなければならなくなったら、できれば前倒しに。後ろでもよいですが、その場合も必ず早めの日程で変更してくださいね。

これ以上、先延ばししない、自分のための時間は絶対に犠牲にしない、という決意を込めて臨んでください。

❸―実行したものを書き出していきます。

❹―それを体験したときの気持ちを書き出しましょう。

自分にかける時間がないでしょうか？　そう思う方ほど、このワークに取り組んでください。いまの自分には何が必要なのか、実は心も体もちゃんとわかっています。たとえば「休むことが必要」とか「落ち着いて考える時間をもとう」といったことかもしれません。

心や体は静かに我慢してきたのかもしれません。「時間がない」「また今度にしよう」などと後まわしにするのが「頭」や「思考」です。やりたいことをする。欲しいものを自分に与える。自分が本当に感じていることを、ないがしろにしないこと。それは自分が決めればできることです。

一番大切なのは、あなた自身、あなたの人生です。あなたの本質、本音、本心を大切に慈しむ。そのような時間が無駄になるわけがありません。本質の自己を生きる選択こそが、真の目的を叶える秘訣です。

スピリットガイドと出会うワーク

私は幼い頃から「守ってくれている誰か」の存在をずっと感じていました。実際、事故になるところを何度か助けられたこともありますし、進路について悩んでいた学生時代には、白いローブを着た賢者のような、白ひげの仙人を思わせるおじいさんに助言をもらったことでスランプを脱し、前に進めた経験もありました。

しかし、スピリチュアリティを意識的に学ぶまでは、それがスピリットガイド、つまり、霊的な成長の道のりを導く指導的存在であることは知りませんでした。

師匠であるDr.ロジャースに出会ったとき、こちらからは何も伝えていないのに、「あなたは生まれてからずっとスピリットガイドと話してきたわね。あなたにとってはそれが当たり前であったはず」と言われました。

その言葉に幼い頃からの記憶がはじめて一つにつながって、あれこれと思い出されました。昔からこれはどういうことだろう？　と疑問をもつたびに、ほどなくして答えがやってくる。答えそのものが降ってくることもよくありましたし、答えがわかる場所や機会に導かれることもありました。そうか！　あの声は、あのガイダンスは、あの言葉はスピリットガイドからのものだったのか！

「そういうことだったのか！」と納得してからというもの、スピリットガイドたちとのコミュニケーションはますます活発になりました。霊的な意識を深める瞑想や、サイキック能力開発などのトレーニング時はもちろん、毎日の生活のなかでも彼らの存在はとても身近なものとなり、あらゆる人生の局面で「導かれている」とわかる貴重な体験を重ねていきました。

スピリットガイドは誰のそばにも必ずついており、それも複数のガイドがいます。

もちろん、「本当に？　そんな存在がいるなんて、すぐには信じられないよ」という慎重な方もいらっしゃるかもしれません。そのように思っていらしても大丈夫です。「自分のなかに賢者・スピリットガイドがいて、呼び出すことができる」とイメージして、ワークをやってみてください。

❶

スピリットガイドに会うために、待ち合わせの場所を訪れるイメージをしましょう。穏やかで静かな落ち着ける場所を想像してください。森のなか、広々とした公園、あるいは海を見下ろす小高い場所など。あなたが安心できる、明るい場所であればよいですよ。

❷

スピリットガイドと会うために、待ち合わせ場所へ行きましょう。スピリットガイドもあなたと同じくらいに現れました。どんな姿でしょうか。ガイドはあなたが安心できる姿で現れます。数多くの転生を重ね、指導者にふさわしい経験と格を備えているスピリットガイドです。

❸

スピリットガイドが心地のよい場所へと、あなたを招いてくれています。リラックスして、スピリットガイドと共にその場所へ行きましょう。心地よいその場所で、スピリットガイドと腰をおろしましょう。

❹

あなたが生まれる以前、スピリットガイドはあなたを守り導くことを約束しています。生まれてからもずっと見守ってくれていたのです。スピリットガイドの存在を、よく感じてみましょう。温かい、安心する、背筋が伸びる、懐かしい……どのような感覚を感じますか。

❺

では、スピリットガイドにお礼を伝え、はじめに会った場所まで戻りましょう。日々のなかでガイダンスやサポートが欲しいときなど、スピリットガイドの存在を思い出しましょう。これからスピリットガイドとのつながりを深くしていきたいと思われたら、ぜひガイドにリクエストしてくださいね。ワンネスがその道のりへと、いざなってくれることでしょう。

「魂の年齢」と観察のワーク

第3章で「魂の年齢」についてお話ししました。

自分の魂の年齢がわかると、あなたと家族や親戚、友達、クラスメート、職場の人々など、他の人との間で、感じ方や価値観になぜ違いが生じるのか、摩擦や衝突がなぜ起きるのかがわかり、それについて葛藤する必要がなくなります。

ワンネスの進化の段階を知ると、家族から学校、職場、社会まで、なぜそうなのか理解できずに苦痛に感じていたことも、無理なく受けとめられるようになります。

❶

あなたのスピリットガイドとつながりましょう。そして、一番ぴったりくると感じたご自分の「魂の年齢」はどれか、感じてみましょう。その理由も簡単に書き出しましょう。

（例）

・老年の魂　（その理由は……　　　　　　　　　　　　　　　　）

❷あなたが「理解しがたい」「賛同しがたい」と思う人物3人の名前と、その理由も簡単に挙げてください。それらの人物の魂はどの年齢と感じられるか書き出しましょう。魂の年齢が異なると、根本的な人生の価値基準、フォーカスが異なるため、違和感を感じやすいのです。

（例）

・○○○さん　青年の魂　周りの人たちを威嚇して、近隣の住民を不安にさせている。

・×××さん　成熟の魂　地位と権力を笠に着て、他人を犠牲にして権益を独占している。

❸あなたと価値観や感覚が一致する、あるいは好ましく思う3人の人物の名前、その理

由も簡単に挙げてください。それらの人物は、どの魂の年齢だと感じられますか（魂の年齢が近いか同じだと、価値観など共感できる部分が多いでしょう）。

（例）

・○○△△さん　老年の魂　共感的で、子供の個性や特質を活かすための教育に心血を注いでいる。

・××○○さん　成熟の魂　知名度を使って若者に夢やインスピレーションを与え、影響を与えている。

❹ 私たちは魂の年齢によって、異なる成長のフォーカスをもって転生しています。この社会は、さまざまな成長段階にある人々で構成されており、誰もが成長途上です。

このことがわかれば、価値観が異なる人についても、『青年の魂』はルールや社会の枠組みの限界を試し、集団から逸脱しようとする段階なのだ。この人はそうやって力を試し、物質的な成功への足がかりを作っていくのだな」とか、『成熟の魂』は物質的な成功、富、権力、名声などを追求して自己の重要性を確立する段階にあるから、他者のことへ目が向くのはこの先の段階になるのだな」などと理解できるようになります。

「なぜそうするのか」が理解できないと、人は「なぜそんなことをするのか」と怒りや苛立ちを覚えます。

しかし、理由がわかれば、「そういうことだったのか」と怒りの感情が和らぎます。こうして感情先行の怒りモードから、知性先行の理解モードへと進むことができます。さら進むと、「なるほど、では何ができるだろう」「だとすれば、どうしたらいいのだろう」のように、改善・解決モードへとステップを進めることができるのです。

人生の目的・使命を知るワーク

人は何のために転生するのでしょうか。大きくは、成長・進化という目的を果たすためです。どんな側面で成長し進化しようとするかは、その個人、また転生によって変化します。あなたの今世特有の目的とは何でしょう。それをスピリットガイドと共に探訪していきましょう。

❶

心を落ち着け、静かな環境で、「もし、明日が人生最後の日だとしたら？」と想像してみてください。自分に起こりうることとして、本気で想像してください。どんな感情を感じるでしょうか。どんな場面になるのでしょうか。想いを深く掘り下げ、気づきを得ましょう。

人によって体験は異なりますが、本当にその状況になったつもりでワークを行うと、強い感情を鮮やかに感じられるでしょう。今日まで当たり前のようにあったものが突然制限されることによって、それが貴重で尊いものだと気づくことができます。

そのようにありがたい状態にあるのですから、人生の時間＝生命を大切に生きないのはもったいないことですよね。病気、事故、災害やパンデミックなどの出来事は、私たちの日常がいかに貴重でかけがえのないものであるかを教え、原点に立ち返らせてくれます。

❷

❶のワークで、時間には限りがあること、そして、そのときのご自分の感情を、より明確に感じられたでしょうか。

今度は、ご自分の深い魂のレベルに優しく問いかけるつもりで、イメージしてください。「この人生で本当にやりたかったこと、本当に見たかったものがあるとすれば、それは何だったか」と問いかけてみましょう。

（例）

たとえば、ご自分が、家族や愛する人々と愛あふれる関係で幸せに満ちている姿。人を助けるという夢を叶えている姿。自分の作り出したものが人々を喜ばせ、幸せにしている様子。あるいは、人々が争い傷つけ合うのではなく、互いを尊重し、大切にし合い、温かな思いやりがあふれる世界……。

あなたはこの限りある人生のなかで、何を成し遂げたかったのでしょう。

すでにやりたかったことに取り組んでいる人、これからやろうと思っている人、それは何だろうと探している人もいるかもしれません。あるいは、「人生で叶えたかった本当の望みが何なのか、知りたい！」といった強い感情が、魂の奥から湧き上がってくるでしょうか。

このワークを行ったことで、あなたの内なる感情や感覚が動き始めたなら、それはまさに「あなたの本当の望み」に触れ始めたということです。

---

❸

❷のワークを終えたら、次の質問です。

明日が最後の日ということになっていたのだけれど、幸運なことに、明日が最後の日ではなくなりました。つまり、これから先もこの人生を生きられるということです。

そうであれば、これからあなたは、この貴重な人生の時間を、どのように生き、どの

――ように終えたいと感じますか？　できるだけ鮮やかに、深いところで感じられる感情にも気づきましょう。感じたことを書き出しましょう。

日本では、死を「縁起が悪い」などといって忌み嫌い、タブー視するところがあり、それについて語ることすら避ける傾向があります。けれど、生きるものは必ず死をもって終わりを迎えます。これは客観的な事実です。怖いから、わからないから、未知だからといって見ぬふりをするのではなく、人間の普遍的な特質、事実として受けとめればよいのです。

死と生とをまっすぐに受けとめ、ありのまま直視する。そのとき感じるであろう、悲しみ、悔い、深い想い。そしていつか訪れる深い解放と、安らぎ。そうした体験を経て、生と死に対して深い実感をもつに至ると、人はやみくもに死を恐れることがなくなります。死という未知の恐怖に駆られる状態でなくなったとき、人は澄んだ意識とまなざしで死と生の本質を受けとめ、生きることのありがたみ、喜びや慈しみを深く抱擁できるのです。死を受けとめることは、生を受けとめること。見ないふり、わからないふりをせず、まっすぐに澄んだ心と魂で死と生を見つめる。それは人間として成熟した意識的な人生であり、真の自己を実現する生き方へとシフトしていく秘訣なのです。

今世の目的達成に役立つ宝を見つけるワーク

ここでご紹介するのは、誘導瞑想のスタイルでよく行う書き出しワークです。

人は誰でも今世で生まれる前に、「どのような学びを経験して成長するのか」という目標を検討し、決めています。

無条件の愛を学ぶために、試練に満ちた環境に生まれることを選択するかもしれません。その反対に、周りの人々から無条件の愛を受けながら、自身のなかに愛や信頼に対する障害があり、無条件の愛を受け取ることへの最大の試練が自分自身である、といった人生を選択するかもしれません。

はたまた自由を学ぶために、女性の権利が極度に制限された文化・地域に女性として生まれ、その障壁を突破するという人生を選択したり、あるいは自由に生きるため、文化的、社会的に自由な国や地域に生まれるという選択をするかもしれません。

いずれにしても、人は今世、何を目的としてどのような道のりを歩んで成長するかについて、計画して転生します。過去世の経験から、その目的に到達するために役立つ特質やスキルを選び、それらを携えて生まれてくるのです。

ですから、あなたが今世携えてきた目的や使命を達成するために必要な、活用すべきスキルはあなたのなかにあらかじめ組み込まれている、といえるのです。

そのようなわけで、ひょっとしたらあなたがまだ気づいていない、特質や経験、スキルに気づく体験を楽しんでいきましょう。

このワークは、スピリットガイドと進めていきます。

❶

スピリットガイドとの待ち合わせの場所へ行きましょう。ガイドが現れたところをイメージしてください。161ページのワークと同じスピリットガイドでしょうか、それとも別のガイドが現れましたか。どんな姿で、どんなヴァイブレーションを感じますか？温かい、安心感がある、体が軽く感じるなど、いずれにしても今回のワークを行うのに最適なスピリットガイドがサポートしてくれることでしょう。

❷

スピリットガイドが方向を示してくれています。一緒に歩いていきましょう。安らぎを感じる美しい景色を抜けて、小高いところへつながるゆるやかな階段が見えてきます。階段をのぼると広場があるようです。

広場の真ん中に建物があり、入口が見えます。建物は人によって見え方が異なります。神殿やチャペル、あるいは神社のような建物として現れるかもしれません。いずれにせよそこは訪れる人にとって、聖なる場所です。ガイドと一緒になかに入りましょう。

❸

なかに入ると祭壇のようなものが見えてきます。そこへ近づいていきましょう。祭壇には、あなたが今世で使うことのできる道具やツールが複数置かれています。

たとえばペンが置かれていたら「書くスキル」を意味します。それが中世で使われていたような羽ペンなら、昔は誰もが文字を書けたわけではなかったことから、「知識をもって書くスキル」を意味するでしょう。

武器が置かれていたなら、どんな種類の武器かによって意味が少しずつ異なります。矢があるなら、遠くにある標的でも射抜くことができる、目標をしとめることができる、的確に射ることができる、という意味になるでしょう。刀であれば、直接対決して戦うことができる、目的を遂行するために戦うべきときには力を発揮して戦える、そのために使えるスキルや経験がある、ということになるでしょう。

コインやジュエリーが置かれていたら、経済的な豊かさを生み出すことのできる力、あるいは象徴的に、転生からもちこした豊かさを備えていることになるでしょう。

古い書物が置かれていたら、そこに何か大切なことが書かれているのを意味します。ご自分に読むように置かれている場合もあれば、学ぶこと、過去世に積み重ねた知識という意味のこともあります。

わからないことはスピリットガイドに聞いてみましょう。

❹

祭壇に置いてある道具は、あなたが今世で使えるものばかりです。それらの宝物は、あなたが必要とするときのために、大切に保管されていました。今回あなたが行うこのワークのために、この聖なる場所に用意されたのです。

それらの大切な宝物を受け取りましょう。一つずつ手に取って身に着けるか、あなたの体のなかにしまいます。宝石を受け取ってそれをハートに収めるかもしれないし、王冠を受け取って頭にかぶるかもしれないし、聖なるローブならそれを身にまとうでしょう。

❺
宝物を一つひとつ身に着けたとき、どんな感覚がするか、感じてみましょう。そして、もしわからないことがあればガイドに尋ねましょう。あるいは一つひとつの宝物に対して、スピリットガイドが何か言葉をかけてくれることもあるかもしれませんね。

❻
今世に組み込んで生まれてきたスキルや経験、特質。それらを「備えている」ことを今回新たに、または改めて認識できたことになります。スピリットガイドと一緒に聖なる場所を後にしましょう。来た道を戻り、待ち合わせた場所へ向かいましょう。ガイドに、一言メッセージをくださいとリクエストしてもよいですね。

❼
スピリットガイドにはいつでも会うことができます。あなたが必要とするときには、最適な形でサポートしてくれるでしょう。待ち合わせ場所までやってきたらガイドに

お礼を伝え、あなた自身がいまいる場所へイメージを戻し、意識を「いまここ」に戻してください。

❽今回のワークは、どのような体験でしたか？　書き留めておきましょう。

第5章

今世を選んで生まれた人々へ

～ワンネスのチャネリングメッセージ～

どこからきてどこへ行くのか

ディセンション（次元下降・分離）、アセンション（次元上昇・融合）を経て、一つである源へと回帰する。一つであるという意識で生きることで、ますます源へ向かって一体性が増していく。源から生まれ出でて、源へと還る。そのすべてをワンネスと呼びます。

私たち人間の本質はスピリットですから、私たちは誰もがスピリチュアルな存在です。私たちは地上で肉体に宿る「転生」を経て、人としての経験を積み、人間性・霊性を磨いて成長していきます。そして肉体の「死」を迎えると、地上の転生で得た経験や成長を携え、再び宇宙に還り、成長・進化の旅は続きます。

この全領域を含む営みのことを「スピリチュアリティ（霊性）」といい、その営みそのものが生じた元を源（創造の源）、そこから分離して派生したすべてがつながり、一つであることを「ワンネス（一つであること、一体性）」といいます。

転生とは、成長という目的をもって行うものです。次の転生でどのような成長を遂げていくのか、メンターとしての役割を担う高次の存在・スピリットガイドと共に入念に計画した上で、その目的を叶えるためのカリキュラムやツールも携えて、準備を整え、いざ転生！　となるわけです。

人生では数多くの登場人物に出会いますが、これも生まれる前に、「誰と出逢い、どんなことを体験して学ぶか」というカリキュラムをおおかた決めてきています。人生に登場する人物の関係性は一様ではなく、それぞれに異なる期間、深度、多彩な課題や体験があります。

家族、親戚、幼稚園、学校、趣味、職場、社会……。たとえ家族であっても、魂の年齢は異なり、進化の段階も異なります。今世の目的、課題やテーマも異なりますから、それを学ぶに適した人格的特徴も、個々に異なります。

人間として生きるさまざまな場で、そのように多様な人々との交流や体験が刺激となって、人は研がれ磨かれながら、人間的・霊的な成長を遂げていくのです。

あなたも私も、そのようにして地上に生まれ、存在しています。

何の目的もなく、何の準備もなく、何の意味もなく生まれる人などいません。また、いまの時代が学びや成長という目的に最適であるとの判断がなければ、現代ではなく、別の時代や国を選んで転生していたことでしょう。

つまり、いま地上に生きている方々は、この混沌とした時代、この社会に生きることを承知の上で、敢えてこの生を選んで生まれてこられています。

世界で起きること、身近に起きることはすべて、私たちが属する世界である「ワンネス」を学ぶことへとつながっています。だからこそ、もっとも身近な存在である「自己」の本質を探究し、霊的に成長・進化することが、世界の成長・進化へとつながっていくのです。

一体である意識へ融合・上昇・帰還していく旅の途上に誰もがいるのだという理解は、対立や葛藤を超えて、人々とあらゆる存在を真の平和な意識と次元へと導いていきます。

あらゆる問題の根源への処方箋は、生命への愛と尊重

あらゆるものが変化せざるを得ない時代には、痛みを体験することもあるでしょう。しかし、風邪をひいたときのように、症状だけを抑えるよりも自己治癒力を高めて、体が病原菌やウィルスを退治するプロセスを促すことで、結果的に抵抗力をつけることができます。

それらの一時的な痛みは、根本的なよい変化へつながりうるものでもあります。変化の最中はしばしば混沌として見えますが、より調和的な状態に至るための過渡的なプロセスであるともいえるでしょう。

この社会は、あらゆるものが確実性を失っていくように見えますが、不変で普遍的な真実も存在します。それが「あなたというスピリットは永遠に生きる存在である」ということであり、「各々のスピリットは成長と進化という永遠の道のりを旅し、究極的にはすべての存在が〝一体〟へ回帰していく」ということなのです。

私たちは皆その〝一体性――ワンネス〟という、より大いなる目的地へと向かって上昇し続けるスピリット。これはいかに世界が変わろうとも、決して変わることのない真実です。

本章の最後に、ご縁あってこの書籍に触れてくださった皆様へ、私がスクールを立ち上げる際にワンネスから受け取ったチャネリングメッセージをお贈りします。

あなたがたは皆地上に播かれた種である。その意味は何か。
ある者は、宇宙時代のさまざまな叡智と共に戦いの経験を今生の魂の意識に持ち込み、ある者は氷河期を超え、その経験と生きる知恵を持ち込み、ある者は採集や農耕の技術、ある者は養い育てること、ある者は環境や生活を快適にすること、ある者は教えること、人の心を楽しませ和ませることに長けており、ある者は癒し励ますことに長けている。
またある者は異文化を理解し交流すること、ある者は観察し、知識を広げたり考察を深めていくこと、あるいは数々の体験から人の普遍性を見たり、ある者は霊的な次元とのつながりをもち、ある者は人々を霊的に導くことに長けている。

これは変動の時代に、多種多様な能力をもった者同士が互いに助け合い、もてるものを活かし、出来事によく対処することを可能にし、人類の意識（霊性）の進化を確実にするためである。


人のDNAには、生物の記憶、時代の記憶、気候の記憶、人種の記憶、発展の記憶、対処の記憶などの無形の資産が組み込まれ、意識のなかに織り込まれている。

意識は三層からなり、顕在意識・潜在意識、そしてもう一層深いところに深層意識（霊魂の意識）がある。この深層意識にアクセスすることで、霊魂に備わるさまざまな記憶や知恵、才能を用いることができるのだ。

しかし、危機的状況下においてのみならず、偶発的にでなく、ここぞというときに力を発揮するためには、少なくともそれが存在していることを知っている必要がある。なぜなら存在すると思っていないもの、知らないものを思い出すことはできないからである。であるからそれは「必要とされるときまで、眠っている」のである。

逆にいえば「あなたがそれを必要と認識して、目覚まそうとするとき、それはそこに在る」のである。あなたの指令でいつか目覚めるときを待っているのだ。

霊魂に眠る叡智を引き出して活用するには、まず霊魂としての意識が在ることを知り、信頼することである。

信頼の意識の内にあるとき、人は不安や怖れに駆られたり、パニックを起こすことなく落ち着いて状況を観察し、すべきことを見極め、よき選択を積み重ねてゆくことができる。たとえ未知の出来事に遭遇したとしても、である。

あなたの霊魂（スピリット）はこれから起きうることをも知っているがゆえに、それらは未知の出来事ではない。だからこそ我々は、日常的な思考が司る顕在意識ではなく、潜在意識、さらに奥深く霊魂の司る深層意識に注意を向ける必要がある。

あなたは宝物庫である。未知と思われた出来事にも対しても、あらゆる答えが眠っている自身のスピリットに意識を向け、叡智を引き出し、物事によく対処し、信頼と霊性を深め、限りない成長を遂げることができる。それらを意識的に学び、そのように生きることを実践するプロセスが、スピリチュアリティ（霊性）の探究という分野である。

その進化・成長を邪魔するものは未知に対する恐怖、そして、そうした恐怖の原因となった否定的な感情や思考そのものである。

己の敵は己の中にある、とはよくいったものだ。

人の歴史を観よ。人の心理は容易に揺れて不安定になり、あるいは恐怖に支配され、争い、強欲、排除、攻撃、自滅などの破壊的な行動にかられるものだ。

それらはどれも、世界を生存競争の視点からのみ捉えること、そのなかで敗者となること――社会的な死への恐れ、そして究極的には肉体の死への恐れ――から来るものである。

なぜ恐れるのか？　それは死とは何か、生とは何かを本当には知らないからである。人の弱点、すなわち無知が恐れや怒りを生むのである。それらの弱点を真に許し、癒し、成長へと進ませるもの、克服させるものとは、唯一、愛に基づく生命に対する真の理解である。

混沌とした地球というゆりかごのなかにあって、起こることを冷静に見極め、深く広い視点から洞察し何をすべきかに集中してきた人々は、すべては一つであるという意識、一人ひとりが尊いスピリットであり肉体を超えた永遠の存在であるという意識が、人間の意識からではなく、スピリットの意識からやってくることを知っている。

死への恐怖や争いから互いに傷つけ合う必要がないということを真に知っている人々、

自らの霊性に目覚めた人々は、度重なる転生において養った愛や才能を用いたいと願い、この激動の時代に転生してきたのである。

あるいは、そのように霊性の成長・進化を促す意図をもったソウルグループにより、周到に準備され、各々の成長・発展のため、固有の役割を担って放出されてきたのである。これらの存在は最善の配役で配置されている。

この一大叙事詩、グランド・ツアーは、長い長い年月をかけて準備されてきた。そして、誰もこのグランド・ツアーを一人で担う必要はないこともお伝えしておこう。あなたの周りには、あなたの助けを必要とする人々が、そしてあなたが助けを必要とする人々がおり、共通の意識の波長を通じてめぐりあう。

出会った人々は互いに刺激し、慰め合い、助け合い、学び合い、試し合い、磨き合い、成長し合いながら、全体として発展してゆく。そのためにあなた方は異なった個性、目的、スキルや才能、役割や人生を選んで生まれるのだ。

だからこそ、互いをジャッジしたり恐れる必要もない。あなたの隣の人は敵ではなく同志、仲間であり、戦う必要などないのだ。

誰でも、ユニークな環境と経験を通して、その人生において人格や霊性の発展を遂げ、ますます本質の自己になりつつある霊的な存在であるから、他の誰かのようになろうとする必要はない。自分自身になる、本当の自己になるのである。

あなた自身のスピリットが、その人生において、あなたらしさを最大に発揮し、あなた自身が未学習であったことを学び、伸ばすべきを伸ばし、人格や霊性において経験を積み成長するなら、あなたの今世の目的は大いに果たされているのである。

そうした学びや進化に、制限も終わりもない。あなたたちに仕える霊的な高次のガイドは、地上に転生したあなたのような人々が、その転生における成長という目的を果たせるよう常に支援している。

社会は勝者・敗者といった考え方、優劣・善悪などの価値判断と怖れを維持することで安定を保ち、人心をコントロールしてきた。そのような国家、社会、グループにおいては、周りの人間は脅威であり、敵であり、エゴや利己的な理由から結びつくことはあっても、価値判断を手離し、共通の目的へ、互いを友として真の信頼と尊重をもって結びつくことは難しい。

しかし、それらの歴史と意識が何を生み出してきたか、人はそろそろ学んでよい時期である。異なるもの、わからないものに対する恐怖から反応することをやめ、代わりに理解を深め、普遍性を見出し、個性を尊重し、共に活かし合い、行動するとき。

そのとき、人類は「一つであること」を真に知ることとなり、共にその世界を創造するという意識に到達するであろう。

それが新しい人類の姿である。

あとがき

この度は本書を手に取っていただき、心より感謝申し上げます。20年に及ぶワンネス探究の集大成をお届けできることを大変うれしく思います。

活動の初期から、海外の指導者たちに本を書くよう促され、国内外の受講生の皆さまからも出版を望む声を多数いただいてきました。しかし、家事と育児、日本とヨーロッパを行き来する講演・講座活動との両立は困難で、なかなか執筆に専念できませんでした。

ところが、この風雲急を告げる時代、特にコロナで海外渡航や生活が制限されたことが、変化のきっかけとなりました。世界は混沌の時代へ。社会が一変するなかで、個人的には、ワンネスが私たちに何をするべきか、どこに焦点を当てるべきかを教えてくれました。

その結果、講座はそれまで以上に忙しくなり、子供と過ごす家での時間はより豊かになり、海外出張がないことで体力や気力を十分に蓄えることができ、子供の進学という大イベントにもじっくり取り組むことができました。

そのおかげもあって、「いまなら」という思いが湧き上がり、執筆の準備を始めました。風の時代を迎え、人々が「本質」「真実」とは何かを問うようになったいま、私たちのミッションはより明確になりました。ワンネスとの出会いからちょうど20年という節目の年に出版できたことは、タイミングが「いま」であることを教えてくれているのでしょう。


この20年で、スピリチュアルな環境は大きく変化しました。日本では意識やエネルギーが広く認識されるようになり、海外では波動療法が医療の一環として研究され、臨床で用いられるようになりました。

この本では医療に関連する活動には触れていませんが、私は「ワンネスコンシャスネス・アンド・ヒーリング・インスティテュート（ワンネス意識とヒーリングの研究所）」を設立し、霊性を含むホリスティックな能力開発、セラピストやカウンセラー、スピリチュアリストの養成に励んできました。その結果、医療職や科学系研究者の方々と出会い、この分野での講演など、貴重な機会をいただくことになりました。

主なものを紹介させていただくと、国際生命情報科学会にて「波動療法・英国で保険適用クリスタルアキュパンクチャー」、日本医療催眠学会にて「深く本質的な癒しをもたらす全人的アプローチと生命意識の重要性について」、がん患者ネットワークにて「人生を癒すスピリチュアルアプローチ」、大病院にて「スピリチュアリティその誤解と偏見」、覚醒医療ネットワークにて「人生そのものを癒すということ——北欧の脳神経心理学者が専門家として知っておかなければならないと語る人間の本質とメタフィジカルな癒しの領域について」など。

こうした活動とご縁から、本書に帯津良一先生から貴重な推薦文をいただけましたことを、大変感謝しております。この推薦文は、この書籍を超え、ホリスティックな癒しや意識、エネルギー、霊性、生命の一体性の、大勢の探求者にとって大きな励ましとなっていくものと願っております。

ワンネスと共に私がお伝えしたいのは、人間の霊性とは人間の普遍的な本質であり、誰もが探究する価値のある生き方の実践哲学であるということ。そして、生命の一体性とは、人類にとって根源的かつ重要なテーマであるということです。

本書を通して、意義や価値が十分に理解されているとはいえない「スピリチュアリティ」や「ワンネス」の姿が、より明らかにできたなら、より多くの方々の探究のきっかけになれたなら、うれしく思います。

最後に、本書が皆様の手元に届くことができたのは、多くの方々との貴重なつながりの賜物です。この出版を通じて、ワンネスの精神を共有し、共鳴するすべての方々との新たな出会いが生まれることを心より楽しみにしております。

皆様への深い感謝の意を込めて。

2024年4月

一般社団法人 国際生命意識協会 代表理事　叶 礼美

叶 礼美（かない れみ）

カリフォルニア州認可登録スクール・オブ・スピリチュアリズム ワンネス インスティテュート学長、一般社団法人 国際生命意識協会 代表理事。
1995年、旅行で訪れた英国での神秘体験をきっかけに、霊的な体験、メッセージ、ビジョンや気づきを頻繁に受け取るようになる。2004年、英国人のヒーラー・ミディアム・霊性教師のマーガレット・ロジャース・ヴァン・クープス博士に出会い、ワンネスやスピリチュアリティを教えていくようガイダンスを受ける。2005年より個人セッション、2006年より瞑想会や勉強会、ワークショップなどを毎月定期的に開催し、多くの実践経験を積む。2008年9月、ロジャース博士が教育担当・理事を務める米国ユニヴァーサル・クライスト・チャーチ（UCC）スピリチュアリズム・スクールより、日本で初めての講師の認定を受け、UCCエクゼクティブ3名の推薦を受けてワンネス コンシャスネス アンド ヒーリング インスティテュートとして公式に認可を受ける（アメリカ・カリフォルニア州登録）。現在はUCCの副理事。2009年より認定セラピスト・カウンセラー養成に着手。2013年以降、フィンランドやスイスなどヨーロッパ各地で能力開発講座、養成講座、セミナー、個人セッションを開催。国内では毎年の養成講座と並行して学会等での発表、病院・クリニックでの講演や講座も行うほか、医師や科学者とのコラボ講座などを通して、全人的な癒しのアプローチ、生命の本質としての霊性、世界の原理としてのワンネスの認知、教育、啓蒙に力を注いでいる。メルマガ「国際認定スピリチュアリスト 365日実践メール講座」は人気で、購読者は1万人を数える。

【ワンネスインスティテュートのご案内】

ワンネスインスティテュートでは、「国債認定スピリチュアリスト 365日実践メール講座」を無料配信しています。スピリチュアリティ、ワンネス、能力開発、魂の構造、医療、科学、また著者の幼い頃からの神秘体験など、さまざまなテーマで一年間、受講・学習いただけます。著者の活動や最新情報なども配信していますので、ぜひこちらものぞいてみてください。

ワンネスインスティテュート
公式ホームページ
https://www.onenessinstitute.jp/

「わたし」が生きる意味がわかる　ワンネスの教科書

2024年５月15日　　第１刷発行

著　者　叶 礼美
発行者　唐津 隆
発行所　株式会社ビジネス社
〒162-0805　東京都新宿区矢来町114番地 神楽坂高橋ビル5F
電話　03(5227)1602　FAX　03(5227)1603
https://www.business-sha.co.jp

〈装幀〉長谷川有香（ムシカゴグラフィクス）
〈本文デザイン・DTP〉関根康弘（T-Borne）
〈協力〉合同会社 Dream Maker
〈印刷・製本〉中央精版印刷株式会社
〈営業担当〉山口健志
〈編集担当〉山浦秀紀

ISBN978-4-8284-2617-4